CONTENTS

Issue
No.25
CHANGWON

WRITER
이지앤북스 편집팀

찻잎을 따는 눈썰미로 글을 고르고, 천천히 그에 맞는 무게와 양감, 표정과 자세를 지어낸다. 다작하지 못하고, 당장의 이익이 크지는 않더라도 권권이 좋은 책을, 내일 부끄럽지 않은 책을 만들어가고 있다.

Tripful = Trip + Full of
트립풀은 '여행'을 의미하는 트립TRIP이란 단어에 '~이 가득한'이란 뜻의 접미사 풀-FUL을 붙여 만든 합성어입니다. 낯선 여행지를 새롭게 알아가고 더 가까이 다가갈 수 있도록 도와주는 여행책입니다.

※ 책에 나오는 지명, 인명은 외래어 표기법 및 통용 표현을 따르되 경우에 따라 발음에 가깝게 표기했습니다.

※ 잘못 만들어진 책은 구입한 곳에서 교환해 드립니다.

PREVIEW :
ABOUT CHANGWON

010 CHALLENGE & CHANGE
도전과 전환

014 SPACE REGENERATION
공간, 되살아나다

11

SPECIAL PLACES

020 FULL BLOOM CHERRY BLOSSOMS
벚꽃에 취하다

20

022 SOKCHEON PORT
감성이 가득한, 속천항

026 GWISAN CAFE STREET
귀산카페거리

WHERE YOU'RE GOING

032 창원 지역 한눈에 살펴보기

SPOTS TO GO

032 CHANGWON AREA
도심과 자연의 바람직한 조화, 창원권

040 MASAN AREA
자연의 풍요로움 속으로, 마산권

048 JINHAE AREA
레트로한 감성에 매료되다, 진해권

EAT UP

054 CAFE HOPPING
도심 속 카페 호핑

058 VINTAGE HANOK CAFE
빈티지 한옥 카페

060 REBIRTH OF SPACE
공간의 재탄생

062 WITH A VIEW CAFE
풍경 한 모금

066 EMOTIONS OF JINHAE
진해의 감성을 담아

068 SPECILAL | 창원 명인의 빵집

069 SPECILAL | 노포 베이커리 양대산맥

070 SPECILAL | 마산의 추천 맛동네, 가포 덕동

072 CHANGWON: LOCAL RECOMMENDATION
창원권 로컬 추천 맛집

074 MASAN: LOCAL RECOMMENDATION
마산권 로컬 추천 맛집

076 JINHAE: LOCAL RECOMMENDATION
진해권 로컬 추천 맛집

078 NIGHT LIFE
나이트라이프

LIFESTYLE & SHOPPING

082 STORY & STORE
이야기가 있는 가게

084 SMALL BOOKSTORE
작고 소중한 동네 책방

086 MARKET
사람이 사는 풍경, 전통시장

087 SOUVENIR & FOOD ITEM
특산품, 기념품

PLACES TO STAY

088 HOTEL & RESORT

COURSE BY THEME

PLAN YOUR TRIP

094 TRAVELER'S NOTE & CHECK LIST
창원 여행 전 알아두면 좋은 것들

096 SEASON CALENDAR
창원 여행, 언제 떠날까?

097 FESTIVAL
이색적인 축제가 한가득

098 TRANSPORTATION
창원을 즐겁게 여행하는 방법

MAP

099 지도

PREVIEW:
ABOUT CHANGWON

거리를 수놓은 가로수가 이 도시에 싱그러움을 더한다. 역사와 문화, 예술,
그리고 아름다운 자연. 구석구석 살펴보면 비로소 보이는 것들이 창원의 과거와 오늘,
그리고 미래를 이야기하고 있다.

01 CHALLENGE&CHANGE : 도전과 전환

02 SPACE REGENERATION : 공간, 되살아나다

PREVIEW

CHALLENGE & CHANGE

도전과 전환

비수도권 유일의 특례도시, 부울경 메가시티의 핵심도시. 지금 가장 주목받고 있는 도시 창원에서 일어나고 있는 일이다. 키워드는 '도전과 전환'이다.

가장 주목받고 있는 도시, 창원
MEGA CITY CHANGWON

#다시, 하나가 되다

창원이라는 이름은 의창과 회원에서 한 글자씩 가져온 것이다. 조선 태종 8년 두 현을 합하여 창원부로 승격하고 진해도 그 안에 포함되어 있었다. 이후 근대역사 속에서 분리되었던 창원시·마산시·진해시는 2010년 7월 1일 창원시로 통합되었다. 이후 12년 만인 2022년 창원특례시로 다시금 대서막의 전환을 맞았다. 창원은 한국경제를 견인한 계획도시로, 기계산업 중심으로 발전, 한국의 경제의 중추적인 역할을 담당했다. 마산은 국내 최초의 자유무역지역으로 한국을 수출산업의 메카로 자리 잡게 한 원동력이었으며 진해는 일제강점기에 형성된 한국 최초의 근대 계획도시이자 군항도시로 근대 역사에 중요한 역할을 담당해왔다. 개성이 강한 이 세 도시가 하나 되어 과거의 이해관계에 얽매이지 않고 새로운 내일을 위해 끊임없이 도전하고 전환하려는 노력이 지금 창원을 주목하는 이유이다.

●●
2022년 창원을 비롯하여 수원, 고양, 용인이 특례시로 출범하였다. 그중 창원특례시는 비수도권 유일의 특례도시이다. 비수도권 지방자치단체 중 규모가 가장 크다.

#창원특례시, 대서막의 전환

창원특례시는 인구 100만이 넘는 경상남도 최대의 도시이다. 경상남도청의 소재지이며 교육, 문화, 행정의 중심지이다. 특례시는 인구 100만명 이상의 도시에 부여된 새로운 지방자치단체 유형으로 2022년 창원을 비롯하여 수원, 고양, 용인이 특례시로 출범하였다. 그중 창원특례시는 비수도권 유일의 특례도시이다. 비수도권 지방자치단체 중 규모가 가장 크다.

특례시는 광역지방자치단체와 기초지방자치단체의 중간 형태이지만 창원특례시는 이미 광역시 규모의 대도시이다. 나아가 창원특례시는 수도권 일극 집중에 대응하기 위해 부산·울산·경남이 하나 되는 메가시티 형성에 중추적인 역할을 이미 오래전부터 해오고 있다.

#기후 환경 도시

창원특례시는 전국 최초 공영자전거 '누비자' 시스템을 도입한 도시이다. 자전거 전용도로가 96.6㎞로 전국에서 가장 길고 노선도 15개에 이른다. 현대자동차에서 세계 최초로 개발된 5대의 수소트럭을 창원특례시가 최초로 도입하여 수소 청소트럭으로 운영하고 있다. 창원특례시는 2018년 환경부로부터 수소버스 시범도시로 선정된 이후 꾸준히 수소버스의 수를 증가시켜 나가고 있으며, 총 28대의 수소 버스가 운행 중이다(2020년 기준). 이는 광역시를 포함 전국 최대규모이다. 기초단체 최다 수소충전소 보유, 수소차량 보급률을 자랑하는 명실공히 전국을 대표하는 수소에너지 도시이다. 또한 주남저수지는 습지 보호를 위한 람사르협약에 등록된 동양 최대의 철새 도래지이며 제10회 람사르총회가 창원특례시에서 개최되었다.

#풍부한 자원, 다양성

창원을 한발 더 들어가 보면 볼거리·먹거리·즐길거리가 풍부하고 다양한 매력을 보유하고 있다. 산과 평야에서 강과 습지, 바다와 만으로 이어지는 풍요로운 자연경관, 그리고 그곳에서 생산되는 각종 신선한 해산물과 농산물 등 다양한 먹거리가 사람들을 불러들인다. 또한 창원특례시는 농경시대와 산업시대를 걸친 유구하고 다양한 인문사회 자원을 보유하고 있다. 근현대 산업화, 3·15의거에 이르기까지 근현대의 문화유적을 가지고 있는 도시이다. 그리고 한국경제를 견인하고 있는 기계산업, 전자산업, 무역거점을 넘어 수소에너지 등 미래 첨단산업의 메가시티로 자리매김하고 있다. 이러한 다양성 또한 창원특례시를 주목하는 이유이다.

#블러썸 시티

창원특례시는 아름다운 꽃의 도시이다. 1960년에 처음으로 개최된 진해군항제는 한국을 대표하는 벚꽃축제로 자리매김했다. 한해 방문객 수만해도 400만 명을 넘어선다. 코로나 팬데믹으로 주춤했던 축제도 서서히 다시 살아날 전망이다. 여좌천 로망스다리, 경화역 등 굳이 벚꽃명소를 찾지 않더라도 거리 곳곳에서 벚꽃을 만끽할 수 있다. 일제강점기에 심어진 벚꽃은 광복 후에는 일제의 흔적이라 하여 베어내기 시작했지만 이후 진해에 심어진 벚꽃이 제주산인 왕벚꽃나무라는 것이 확인되어 다시 심어졌다고 한다. 창원특례시는 벚꽃뿐만이 아니라 장미의 계절에는 장미정원에서 세계 각국의 1만여 주의 장미를 감상할 수 있으며 가을이면 국화축제를 즐길 수 있다. 창원특례시는 국내 국화 및 안개꽃 재배 1위 도시이다.

창원은 지금이 가장 아름답다.
BEAUTIFUL MOMENT

#문화예술특별시를 선포하다

'내 고향 남쪽 바다 그 파란 물 눈에 보이네' 한국인이 가장 사랑하는 가곡 <가고파> 이은상, <고향의 봄> 이원수, 시인 천상병 등 최고의 문인을 배출한 도시이다. 마산항이 내려다보이는 언덕 위 마을 가고파 꼬부랑길 벽화마을에는 고향의 향수가 담긴 그림들이 벽화로 아로새겨져 있다. 멀지 않은 곳에 위치한 창원시립문신미술관에서는 머나먼 타지에서 고향을 그리던 작가 문신의 작품세계를 들여다볼 수 있다. 번화했던 옛 추억을 떠올리게 하는 창동은 예술의 마을로 거듭나면서 떠났던 사람들을 다시 불러들이고 있다. 창원조각비엔날레, K-POP월드페스티벌, 찾아가는 음악회 등 크고 작은 다양한 문화 행사가 개최되고 거리 곳곳에, 골목 사이사이 예술의 혼이 잠들어 있다. 창원특례시가 문화예술특별시를 선포하게 된 배경이다.

#문화의 융화, 트렌드를 만들다

기계공업도시, 군항도시, 계획도시로 대변되는 창원특례시는 지금 '감성' '레트로' '힙트로' 등 새로운 트렌드를 만들어 나가고 있다. 삭막했던 계획도시, 아픈 근대역사의 도시, 오래된 원도심은 새로운 문화와 융합되어 개성있는 트렌드를 생성하고 있는 것이다. 거리의 빠른 녹화를 위해 심어졌던 메타세쿼이어 가로수길은 쉼터이자 카페와 레스토랑, 부티크가 즐비한 창원 대표 핫플레이스로 탈바꿈했다. 버려졌던 작은 항구에 카페가 들어서고 아무도 살지 않던 깊은 산속 고택에 따뜻한 가스등이 켜지기 시작했다. 시장 골목 낡은 병원이 카페가 되고, 폐쇄된 차고지가 문화공간이 되고, 할머니가 살던 100년 된 한옥이 파인다이닝이 되는 곳. 지금 창원은 새로운 트렌드를 만들어가는 중이다.

PREVIEW

SPACE REGENERATION

공간, 되살아나다

오래된 것들에 대한 독특한 시선을 발견했다. 버리고 새롭게 짓는 것이 아닌 다소 불편하더라도 추억을 놓치지 않고 있다는 점이다. 오래 방치된 골목, 창고, 학교, 혹은 누군가의 삶이었던 집까지. 사람 중심의 변화는 더 많은 사람들이 모이는 공간으로 변하고 있다.

사람이 떠나간 구도심은 예전의 활기가 그립기만 하다. 세월과 함께 상권은 기능을 상실했고 사람도 떠나갔다. 창동예술촌에는 상권 기능을 회복하고 지역 예술의 활성화를 위해 도시재생사업이 추진되었다. 이후 창동의 골목은 마치 유럽의 골목과도 같은 색을 입게 된다. 고향을 떠났던 사람들이 돌아오고 그중에는 젊은 예술가들도 있어 비어있는 공간을 채우며 갤러리, 작업실, 공방으로 공간이 다시 살아났다. 마산의 가고파 꼬부랑길은 벽화마을로 되살아났다. 오르는 길이 다소 힘들지만 알록달록 색을 입힌 계단 위에서 바라보는 마산항 풍경은 가곡 <가고파>를 저절로 떠오르게 한다. 가고파 꼬부랑길 벽화마을을 오르기 전에 폐철길에 조성된 공원, 임항선 그린웨이에서 잠시 휴식의 시간을 가질 수 있다.

#구도심에 예술을 입히다

모든 공간에는 제각각의 역할이 있다. 사람이 사는 공간, 맛있는 음식을 먹는 공간, 물건을 파는 공간 등. 하지만 지금은 공간의 경계는 무너지고 있는 듯하다. 창원 의창구의 한 빌라 2층에 초대된 것이 아니라 예약을 했다. 누가 봐도 빌라의 한 가구인 그곳은 정성스러운 요리를 내어주는 레스토랑이다. 생각지도 않은 공간의 탈바꿈은 신선한 충격을 준다. 그곳에서의 식사는 그 어느 곳보다 편하고 따뜻했던 기억으로 남아 있다. 항구 근처에 위치했었던 폐차고지 뒤로 바다가 펼쳐진다. 그 옛날 그곳을 오가던 버스는 없어지고 비어있는 공간은 근사한 카페로, 문화공간으로 변신했지만 사람들의 추억은 그대로 남아 있다.

Interview

강 동완
한옥 이탈리안 '박말순' 대표

창원의 오래된 구도심이 '소리단길'이라는 젊은 감성의 길로 되살아 나고 있다. '박말순' '금성여인숙' '오우가' '감싸다' '조니오븐' '유화정' '하이디' '슬루' '목민정'이 전세대를 아우르는 감성 핫플레이스로 사람들을 불러들이고 있는 것이다. 그 중심에 공간기획 디벨로펀의 강동완 대표가 있다. '소리단길 프로젝트'는 어떤 과정을 거쳐 지금에 이르렀을까. 그 여정의 이야기가 시작된다.

소리단길
Ⓐ 창원특례시 의창구 읍성로 34번길

디벨로펀
Ⓐ 창원시 의창구 의안로17번길 12-1 오우가안채
Ⓣ 070-7720-1130

'소리단길 프로젝트'에 대해 간단한 소개를 부탁드립니다.
창원의 가장 오래된 구도심 중동지역의 골목을 보존하고 역사와 문화가 살아 있는 공간으로 만들어 나가는 프로젝트입니다. 어두운 골목에 활기를 불어넣고 사람들이 찾아오는 공간으로 만들어가는 일을 하고 있습니다. 소리단길이라는 이름은 소답동 근처에 있어서인지 오시는 분들이 자연스럽게 그렇게 불러 주시더군요.

대표님은 어떤 역할을 하고 계시나요?
소리단길에서 이탈리안 레스토랑 '박말순'을 비롯해 5개의 가게를 운영하고 있습니다. 지금에 이르기까지 3년이 걸렸는데요, 주거전용지역이다 보니 용도 변경하는 것에서부터 쉽지 않았습니다. 저는 힘들게 걸어왔지만 함께 하려는 청년들에게 조금이나마 도움이 되는 길잡이가 되어 주는 것이 저의 역할입니다. 창원의 중심 상업지구나 가로수길은 이미 월세가 너무 올라있어 자본이 없는 청년 사업가들에게 이런 부도심은 대안이 될 수 있습니다. 본인이 조금만 노력하면 저렴한 임대료로 장사를 시작할 수 있으니 그런 의지가 있는 청년들에게 저의 경험을 나누고 지원하고 있습니다.

중동에 주목하게 된 이유는 무엇인가요?
이 근처에서 고등학교를 나왔습니다. 이곳은 오래 방치된 곳이지만 반대로 말하면 옛 것이 그대로 간직되어 있는 곳이기도 합니다. 창원은 계획도시라서 이런 곳이 많지 않습니다. 이런 요소들을 되살리면 재미있겠다는 생각이 들었습니다. 익선동과 이태원 경리단길에서 가게를 운영했던 경험이 있습니다. 당시 그 거리를 성공시켰던 대표들이 고향으로 내려가 동네를 되살린 성공 사례를 보아왔기에 저도 제 고향으로 내려와 추억이 있는 이곳을 살려보고 싶었습니다.

이 프로젝트를 진행하면서 가장 어려웠던 점은 무엇이었나요?
창원은 공업, 기계 등 제조업 중심이라 굉장히 보수적인 도시입니다. 구도심은 그런 성향이 더욱 심한 곳이죠. 동네 어르신들을 설득하는 데만 6개월이 걸렸습니다. 처음 '박말순'을 인수할 때 문전박대도 당했지만 지금은 가장 많이 응원해 주시는 분들이기도 합니다. 정부나 기관의 도움 없이 시작했기에 어려움이 많았고 코로나 전에 준비했던 사업이라 코로나 장기화에 직면하게 된 것도 큰 어려움 중 하나입니다. 진행하던 중 유물이 발견되어 1년 동안 아무것도 할 수 없었던 시기도 있었네요. 어려운 것을 알고 주변에서 많은 도움을 주셨고 그런 도움이 있었기에 여기까지 올 수 있었던 것 같습니다.

소리단길은 앞으로 어떤 모습으로 변화해 갈까요?
소리단길은 창원을 넘어 경남을 대표하는 거리가 될 것입니다. 다양한 니즈에 만족할 만한 색다른 가게가 계속 늘어나고 골목의 역사와 문화를 함께 느끼고 즐기는 거리로 자리 잡을 것입니다. 소리단길이 대체불가한 브랜드가 되고 사람들이 찾는 거리가 되기를 희망하고 있습니다.

#역사의 공간, 근대역사건축물
벚꽃이 흩날리는 아름다운 도시 진해는 일제강점기에 형성된 한국 최초의 근대 계획도시이다. 아직도 당시의 건축물이 도시 곳곳에 남아 우리와 함께 21세기를 살아가고 있다. 북원로터리에 위치한 한국 최초의 충무공 이순신 동상을 시작으로 중원광장으로 내려오면 1912년에 건립된 흑백다방이 문화공간으로 남아 있다. 당시 진해 문화예술인의 활동 근거지였다고 한다. 흑백다방 근처에 위치한 군항마을역사관, 뾰족집이라고도 불리는 육각집, 원해루는 일본식 목조 건축양식을 그대로 보여준다. 중원광장 건너편에 1912년에 지어진 현존하는 가장 오래된 진해우체국이 보인다. 당시에도 흔치 않았던 서양식 건축물로 중원로터리의 랜드마크이다. 제황산을 지나 해군사관학교 방면에 일본식 장옥거리가 남아 있고 선학곰탕도 근대역사를 담고 있는 건축물이다. 남원로타리의 백범 김구선생 친필시비까지. 진해에는 우리나라 근현대 역사를 고스란히 담고 있는 길이 있다.

#이야기가 있는 골목
구도심의 버려진 골목, 지저분하고 구불구불한 길에 밝은 색 페인트가 칠해지고 예쁜 창이 달린다. 창 너머로 등이 켜지고 화분이 보인다. 사람들이 찾아와 차를 마시고 옹기종기 모여 이야기를 하고 있다. 오래된 기와집에 옛 시인의 시조를 입히고, 누군가의 삶의 터전이었던 집은 고급 레스토랑으로 변화한다. 공간은 버려지지 않고 이야기로 채워지고 있다.

#골목을 선택한 청년들
성산구 가로수길에 모든 이목이 집중될 때 더 조용한 곳, 더 깊은 곳을 고집하는 사람들이 있었다. 의창구 도계동 일대의 도리단길은 그런 사람들이 선택한 곳이다. 규모가 크지 않고 각각의 개성이 뚜렷한 카페들이 모여 있다. 골목을 거닐다 우연히 발견한 카페에 마음을 빼앗기는 것은 그 도시를 다시 찾는 이유가 되기도 한다. 다시 창원을 찾는 이유를 이곳에서 발견할 수 있기를! 의창구 중동, 동네 사람들도 지나가지 않았던 좁고 지저분한 골목이 '소리단길'이라 불리며 주목받고 있다. 청년이 주도하는 도시재생 프로젝트가 이곳에서 진행되고 있는 것이다. 100년의 역사를 가진 한옥을 개조한 이탈리안 '박말순'을 중심으로 청년 사업가들이 공간에 새로운 활기를 넣으며 동네의 분위기마저 바꿔 나가고 있다. 지금 막 변화를 시작한 소리단길은 앞으로 어떻게 변화해 갈까. 기대가 커진다.

SPECIAL PLACES

창원에서 가장 특별했던 순간을 떠올려 본다. 도시 전체가 벚꽃으로 뒤덮인 특별한 경험을 했고 작은 항구에서 풍경이 너무 아름다워 한참을 머물렀다. 사진은 풍경을 다 담지 못한다.

01
FULL BLOOM CHERRY BLOSSOMS : 벚꽃에 취하다

02
SOKCHEON PORT : 감성이 가득한, 속천항

03
GWISAN CAFE STREET : 귀산카페거리

FULL BLOOM CHERRY BLOSSOMS
벚꽃에 취하다

딱히 명소라고 규정짓는 것 자체가 의미가 없을 정도로 창원은 도시 전체가 벚꽃이 넘치지만 그중에서도 명소 중의 명소를 골라보았다.

a. 여좌천로망스다리

진해를 대표하는 벚꽃 명소이다. 벚꽃이 만개할 무렵이면 작은 여좌천 강 위로 약 1.5km에 이르는 핑크빛 벚꽃터널이 장관을 이룬다. 드라마 <로망스>의 촬영 장소로 알려지면서 더욱 유명해졌다. 밤에 조명이 커지면 여좌천의 핑크빛이 더욱 짙어진다.

Ⓐ 창원시 진해구 여좌동 217
Ⓜ Map → 4-★4

Plus

소하천

마산합포구 문화동에서 발견한 벚꽃명소이다. 소하천에서는 벚꽃과 함께 버드나무, 개나리가 함께 담긴 풍경을 사진에 담을 수 있다. 나무 데크가 조성되어 있어 걷기 편하고 동네의 작은 하천이므로 한적하게 벚꽃을 즐길 수 있다. 월일교, 경교 등 7개의 다리가 놓여져 있다.

Ⓐ 창원특례시 마산합포구 문화동
Ⓜ Map → 6-★14

b. 경화역

800m에 이르는 철길을 따라 양 갈래로 벚꽃길이 펼쳐진다. 지금은 운행하지 않는 철길 위를 자유롭게 거닐 수 있고 실제 운행했던 디젤전기기관차가 전시되어 있다. 벚꽃이 떨어지면 환상적인 장면이 펼쳐지고 간이역 조형물이 설치되어 있어 풍경에 낭만이 가득하다.

Ⓐ 경남 창원시 진해구 진해대로 649 Ⓜ Map → 4-★20

Tip

어씨빅센터커피

여좌천 로망스다리와 가까운 진해문화센터 바로 옆에 우뚝 선 웅장한 작은 성과 같은 어씨빅센터커피. 돌계단을 올라 커다란 나무 문을 열고 들어서면 아치형 창문 너머로 벚꽃 풍경이 펼쳐진다. (p.067)

Ⓐ 창원시 진해구 진해대로 317
Ⓣ 010-2591-9558
Ⓗ 10:00-18:00(주말 11:00-20:00)
Ⓟ 카페라떼 5,000원
Ⓜ Map → 4-C1

Tip

진해제과

중원광장 인근에 진해의 노포 제과점 진해제과가 위치해 있다. 벚꽃시즌이면 진해제과에서 판매하는 진해의 명물 벚꽃빵을 사기 위해 많은 사람들이 이곳을 찾는다. 벚꽃향이 나는 분홍앙금을 독자적으로 개발해 판매하고 있다. 벚꽃롤케이크도 인기.

Ⓐ 창원시 진해구 중원로 45 Ⓗ 08:30-22:30
Ⓜ Map → 4-C4

c. 진해내수면생태공원

진해역을 시작으로 여좌천을 따라 걷다보면 어느새 진해내수면 환경생태공원에 다다른다. 그냥 지나치기 쉽지만 여좌천에서 수많은 상춘객으로 지친 몸을 잠시 쉬어 갈 수 있는 곳이다. 진해내수면연구소 부지 내에 위치한 생태공원은 갈대 군락지가 보전되어 있으며 습지를 보전하게 위해 환경공원으로 조성되었다. 생태관찰로와 관찰데크가 마련되어 있다.

Ⓐ 창원시 진해구 여명로25번길 55
Ⓣ 055-548-2766 Ⓗ 06:00-19:00
Ⓜ Map → 4-★2

Plus

제황산(진해탑산) 공원

중원광장에서 진해우체국 방면 너머로 산 정상으로 연결된 365개의 계단이 보인다. 제황산으로 오르는 계단이다. 제황산은 진해의 중심에 위치한 산으로, 일제강점기 당시 공원으로 조성되었다. 산꼭대기에는 진해탑이 위치하고 있어 탑산이라고 불리기도 하고 산세가 부엉이를 닮았다 하여 예전에는 부엉산으로도 불리었다. 엘리베이터로 진해탑 전망대에 오르면 진해 앞바다에 떠 있는 해군 군함과 진해의 도심 전체를 내려다볼 수 있다. 제황산 공원은 365개의 계단 대신 모노레일카를 이용해 오를 수 있다.

Ⓐ 창원시 진해구 중원동로 52 Ⓜ Map → 4-★8

SOKCHEON PORT
감성이 가득한, 속천항

제황산 너머 진해항 방면, 진해루에서 멀지 않은 곳에 작은 항구 속천항이 위치하고 있다.
파도가 없는 속천항은 고요함 그 자체이다. 마치 호수와 같은 바다 속천항은 드문드문 떠 있는 요트가 마치 휴양지 같은 풍경이다. 잔잔한 바다를 끼고 진해수협 방면 남쪽 끝으로 내려오다 보면 바다를 향해 열려있는 카페들을 발견할 수 있다. 걷다 보면 뜻밖의 바닷가 벽화마을도 만나게 되는 운치 있는 곳이다.

속리단길

진해의 작은 항구 속천항 주변에 최근 감성 넘치는 카페들이 모여들며 속칭 '속리단 길'을 이루고 있다. 분위기를 만끽할 수 있는 카페와 파스타 맛집, 베이커리가 함께 형성되어 있어 바다뷰를 즐기며 감성 넘치는 산책을 즐길 수 있다.
Ⓐ 창원시 진해구 진희로 36

Tip.
속리단길을 감상하기 좋은 최적의 방법은 진해수협 방면으로 최남단으로 내려와서 거슬러 올라가는 것이다. 최남단에 뇨니커피에서 잠시 풍경을 즐긴 후 북으로 향해 걷다보면 드문드문 위치한 감성 넘치는 카페와 벽화마을, 수협근처의 트렌디한 카페 나 레스토랑, 베이커리까지, 구석구석 구경할 수 있다.

Ⓐ 창원시 진해구 속천로 69
Ⓣ 0507-1410-0831
Ⓗ 11:00-24:00 Ⓟ 아메리카노 4,500원
Ⓜ Map → 4-C5

a. 그라시아스마드레 바다

커피와 바다라는 컬래버에 가장 환상적인 풍경을 볼 수 있는 곳 속리단길의 그라시아스마드레 바다는 창으로 바다가 어떻게 보일지 고민을 많이 한 듯 하다. 벽에 액자처럼 장식된 창을 통해 들어오는 풍경은 그림과도 같다. 그 액자가 제각각 크기도 다르고 풍경도 달라서 풍경화를 전시하는 갤러리에 온 듯 감상하기 좋다. 루프탑이 열려 있고 자그마한 다락방도 보인다. 그림같은 바다 풍경을 원한다면 2층으로.

b. 푸떼즈

속리단길 카페는 진해루와도 가까워 드라이브하면서 들리기 좋다. 이곳 카페들의 특성이 화려하지 않으면서도 개성과 감성이 공존하는 감각을 가졌다는 점이다. 푸떼즈는 붉은색 벽돌이 특징인 3층 건물 모두를 카페로 활용하고 있다. 모든 층의 조도를 달리하고 테이블마다 독특한 감성의 인테리어로 꾸며져 있어 같은 방향을 바라보지만 층마다 다른 풍경을 보여준다. 달콤한 크림이 올려진 다양한 크림 커피를 즐길 수 있다든 점이 매력적이다.

Ⓐ 창원시 진해구 속천로 71 Ⓣ 0507-11445-9197
Ⓗ 11:00-23:00, 화요일 휴무 Ⓟ 샤를로뜨(얼그레이 베이스의 크림커피) 7,000원 Ⓜ Map → 4-C6

ⓐ 창원시 진해구 속천로 67-1 ⓣ 0507-1314-5846
ⓗ 11:00-22:00 ⓟ 아인슈페너 5,500원
ⓘ @jinhae_cafe_honest Ⓜ Map → 4-C10

c. 어니스트

어니스트는 커피맛에 상당한 자부심을 가지고 운영되는 곳이다. 실제로 자체 브랜딩한 드립백과 원두를 판매하고 있다. 방문했던 이들 사이에서는 크로플과 슈페너 맛집이라는 소문도. 1층 단층으로 되어 있어 바다 뷰를 즐기기에는 사실 역부족이지만 창가 통창과 테라스 석의 개방감은 또 다른 느낌이다. 커피 맛에 민감하고 트렌디함보다는 조용한 분위기를 선호하는 사람에게 추천하고 싶은 카페이다.

ⓐ 창원시 진해구 속천로 140-2 3층 ⓣ 0507-1360-0985 ⓗ 11:20-21:00, 월요일 휴무
ⓟ 카페라떼 5,500원 ⓘ @lieve_liebe Ⓜ Map → 4-C8

d. 뇨니커피

바다가 가장 가까운 카페 뇨니커피이다. 속리단길 바다를 따라 가장 남쪽에 위치한 뇨니카페는 건물 앞 해변에 덩그러니 놓인 자전거가 감성을 자극한다. 3층으로 올라 카페로 들어섰을 때 오른쪽으로 나 있는 통창 바로 앞으로 바다가 너무도 가깝게 펼쳐진다. 이곳에서 보는 바다가 유독 더 잔잔하다. 라떼 전용 우유를 써서 인지 우유의 풍미가 특히 깊었다. 2층 레스토랑 리브래브와 함께 운영된다.

Plus.

진해루

진해항이 내려다보이는 진해루는 해군부대가 있었던 터를 공원으로 재정비하면서 세워진 누각이다. 2층에서 내려다보이는 산과 바다가 어우러진 풍경이 눈길을 사로잡는다. 아이들의 놀이공간으로 꾸며진 거북선 조형물은 충무공 이순신의 영웅담을 아이들과 함께 나누기에 제격이다. 야간 조명이 켜지면 또 다른 분위기를 자아낸다. 사람이 많지 않아 벚꽃 시즌에도 다소 한적한 벚꽃 구경을 즐길 수 있으며 해 질 무렵 항구 풍경이 아름답기로 유명하다.

ⓐ 창원시 진해구 진희로 150 Ⓜ Map → 4-★11

ⓐ 창원시 진해구 속천로 120-3 ⓣ 010-7440-9910
ⓗ 11:00-24:00 ⓟ 핸드드립 싱글오리진 5,000~7,500원
Ⓜ Map → 4-C7

e. 라보니커피

속천항길을 최남단에서 북을 향해 속리단길의 아기자기한 모습을 구경하며 걷다 보면, 어촌 마을 해변가에 단층의 하얀색 카페가 눈에 들어온다. 라보니커피는 창으로 보이는 바다가 일품이다. 창 자체가 포토존이며 집처럼 안락하게 꾸며진 소품들도 사진에 담기 좋다. 작은 길 하나를 사이에 두고 바다가 놓여 있으니 풍광이 나쁠 수가 없다. 핸드드립 전문 카페이며 다양한 싱글오리진을 맛볼 수 있고 함께할 디저트의 송류노 풍부하다.

Plus.

장옥거리 벽화마을

속천항 항구마을에 위치한 장옥거리 벽화마을은 진해구 태평동이 2018년 창원시 으뜸마을 만들기 사업에 선정되면서 예쁜 벽화마을로 다시 태어났다. 창원대 미술학과 재학생들과 지역사회 미술가들의 협업으로 재탄생한 마을 풍경이 잔잔한 속천항 바다와 어우러져 잔잔한 감동을 불러일으킨다. 군항마을 풍경, 바다, 그리고 상상의 세계를 표현한 수채화 그림들로 채워져 있다.

ⓐ 창원시 진해구 속천로

f. 파파레

단조롭지만 세련된 내부 분위기와 올리브오일이 달뤄지는 냄새가 홀을 가득 채우고 있다. 모든 소스와 식전 빵, 베이컨과 과일청은 직접 만들어 제공한다. 이곳 뇨끼 맛집으로 유명하다. 시즌에 따라 뇨끼 소스가 변경된다.

ⓐ 창원시 진해구 속천로 86
ⓣ 055-545-9567　ⓗ 11:30-21:30
수요일 휴무　ⓜ Map → 4-R2

g. 스위트랩

스위트랩은 전문 파티셰가 운영하는 속리단길에 흔치않은 베이커리 카페이다. 1층에 갖구워진 빵들이 가득하고 1층 테라스석과 2층에서 속천항의 경치를 즐기며 베이커리와 커피를 즐길 수 있다. 날씨가 좋다면 루프탑을 올라보길. 이곳에서 보는 속천항 풍경은 또다른 맛이다. 스위트랩 인기순위 1위는 시로모찌. 바삭한 퀴니아망이 그 뒤를 따른다. 순식간에 나가는 메뉴들이므로 혹시 매장에 없더라도 빵은 바로 채워진다.

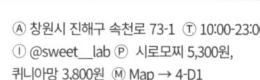

ⓐ 창원시 진해구 속천로 73-1　ⓣ 10:00-23:00
ⓘ @sweet__lab　ⓟ 시로모찌 5,300원, 퀴니아망 3,800원　ⓜ Map → 4-D1

시간이 있다면 여기도!

진해행암마을

행암마을을 지나는 행암선은 구.진해화학의 비료를 운송하기 위해 설립된 철도이다. 지금은 그 역할을 수행할 공장도 사라지고 간간이 군부대의 화물선으로만 이용되고 있다. 철길과 바다가 맞닿은 이색적인 풍경이 아름답고 드라이브 코스로도 제격인 곳이다. 전국 철도 중 아름답기로 손꼽을 만하다. 많은 사람이 찾는 곳이 아니므로 한적하게 바다를 감상할 수 있다. 철길 끝에 바닷가 방향으로 산책할 수 있는 데크로드가 조성되어 있고 산책로 끝에는 전망대가 위치하고 있다. 이곳에서 바라보는 노을이 장관이다.

ⓐ 창원시 진해구 장천동 산1-2　ⓣ 055-548-2694
ⓗ 09:00-17:00, 월요일 휴무　ⓜ Map → 4-★14

SPECIAL PLACES
GWISAN CAFE STREET
귀산카페거리

성산구 귀산동은 마창대교가 눈앞에 펼쳐지는 이점을 살려 카페와 맛집이 모여 있는 창원의 핫플레이스이다. 최근에도 카페와 레스토랑이 속속 생겨나고 있으며 특히 루프탑에 신경을 쓴 카페들이 눈에 띈다. 마치 외국 휴양지 풍경을 연상시키는 등 각각의 매력을 발산하고 있다. 귀산카페거리는 크게 세 구역으로 나눌 수 있는데 가장 북쪽에 투썸플레이스 주변과 지도에서 움푹 들어간 귀산방파제 부근, 그리고 조금 더 남쪽으로 카페모조 주변 일대로 나눌 수 있다. 바다를 품은 숲길도 좋아 드라이브 코스, 데이트 코스로 추천하고 싶은 곳이다. 낙조 시간에 맞추면 카페 내부까지 붉게 물들어가는 로맨틱한 풍경을 즐길 수 있다.

a. 더로드101 귀산

하동의 프리미엄 정원 카페 더로드101이 이번에는 창원 귀산동에 마창대교 뷰 카페로 문을 열었다. 귀산동 카페거리는 마창대교 뷰를 즐기려는 연인들의 데이트 코스로 유명하다. 노을질 무렵 해넘이가 장관을 이루는 더로드101은 그 가운데서도 최근 가장 인기 있는 곳이다. 창으로 들어오는 석양 빛으로 인해 카페 내부의 모든 것이 은은하게 물드는. 자연과 공간이 너무나도 잘 어우러지는 곳이다. 커피와 베이커리, 브런치와 펍을 이곳에서 모두 즐길 수 있다.

Ⓐ 창원시 성산구 삼귀로 486번길 61-8
Ⓣ 0507-1474-0197
Ⓗ 10:30-24:00　Ⓟ 카페라떼 5,500원
Ⓘ @theroad101_gwisan
Ⓜ Map → 3-C3

b. 킹스힐

통창 너머로 들어오는 햇살이 기분좋은 브런치 카페이다. 신선한 야채와 상당한 두께의 양질의 베이컨에 유자소스를 곁들인 '유자에그베네딕트'가 브런치 대표 메뉴이다. 볼륨감이 있으며 야채와 육질의 밸런스가 좋고 디너로는 스테이크와 파스타를 즐길 수 있다. 시그니처 음료인 킹스라떼는 사탕수수 가루를 컵에 묻혀 적당한 달콤함을 느낄 수 있도록 하였다. 음료에도 세심한 정성이 느껴지는 브런치 맛집이다.

Ⓐ 창원시 성산구 삼귀로486번길 18 2층
Ⓣ 010-9907-7879 Ⓗ 10:30-22:00
Ⓟ 유자에그베네딕트 17,000원
Ⓘ @kingshill_official Ⓜ Map → 3-C6

c. 카페모조

귀산카페거리의 카페들은 위치에 따라 비슷한 듯 조금씩 다른 제각각의 풍경을 가지고 있다. 어느 곳을 선택하든 풍경만큼은 아쉬움이 없다. 카페모조는 특히 바다가 가깝고, 조금은 멀리 보이는 마창대교가 한눈에 다 들어오는 뷰를 가지고 있다. 창 바로 앞에 펼쳐지는 작은 선착장 풍경은 덤이다. 마창대교에 불이 밝혀지면 주변의 야경과 어우러져 로맨틱한 풍경을 자아낸다.

Ⓐ 창원시 성산구 삼귀로486번길 60
Ⓣ 055-276-0702 Ⓗ 11:00-24:00 Ⓜ Map → 3-C5

귀산 오션뷰 레스토랑

플로팅717

귀산 투썸플레이스 바로 옆 눈에 띄는 웅장한 흰색 건물이 바로 귀산 맛집 플로팅717이다. 귀산 최고의 호텔급 분위기와 요리를 자랑하며 2층 '이탈리안717'과 3층 '상하이717'로 나뉘어져 있다. 2층 이탈리안717의 테라스에서는 오픈된 공간에서 라이드 업되는 바상내교 풍경을 감상할 수 있다. 기억하고 싶은 기념일, 부모님과 함께할 식사 장소로 추천하고 싶다.

Ⓐ 창원시 성산구 삼귀로167
이탈리안 Ⓣ 717 055-264-7172 Ⓗ 10:00-22:00
상하이   Ⓣ 717 055-264-7173 Ⓗ 11:30-22:00
Ⓜ Map → 3-R2

e. 엘리브

엘리브는 바다 뷰와 숲 뷰를 함께 즐길 수 있는 귀산동의 카페이다. 하지만 이곳은 숲 뷰가 바다 뷰를 이기는 곳이다. 시원시원한 통창과 높은 층고로 인해 사람이 많아도 답답하지 않다. 2층에는 바로 산을 마주할 수 있는 테라스 공간이 있으며 3층은 루프탑이다. 온 가족이 함께 와서 오랫동안 머물다 가기 좋은 카페이다. 젠츠 베이커리가 함께 하고 있어서 직접 볶아 내린 커피와 함께 다양한 베이커리를 맛볼 수 있으며 일식당 사야카츠도 함께 운영되고 있다.

ⓐ 창원시 성산구 삼귀로 139
ⓣ 055-264-6565 ⓗ 11:00-23:00
ⓟ 아메리카노 4,500원 ⓜ Map → 3-C1

ⓐ 창원시 성산구 귀산로 19
ⓣ 055-274-7003 ⓗ 10:30-24:00
ⓟ 아메리카노 5,000원 ⓘ @ellib ⓜ Map → 3-C9

d. 경성코페 귀산

빈티지한 감성의 경성코페는 여러 지점이 있지만 귀산점은 이곳만의 독특한 감성을 지니고 있다. 바로 앞에 작은 선착장이 있어 이 또한 경성코페만의 풍경이 된다. 주변에 새롭게 오픈한 핫플 카페들이 많지만 조용하게 바다 분위기를 즐기고 싶다면 경성코페를 추천하고 싶다. 마창대교가 펼쳐지는 풍경을 감상할 수 있는 2층 창가 자리가 베스트 석이다. 그 계절에만 맛볼 수 있는 색다른 음료를 출시하고 있으니 즐겨보길 바란다.

f. 카페솔

창원의 핫플 귀산동 카페거리는 다양한 건축물을 보는 재미도 놓칠 수 없다. 그중 카페솔은 2019년 부산국제건축대전 완공건축물 부분에서 대상을 받은 건축물이다. 건물 외벽의 'SOL'이라는 글씨가 눈길을 끈다. 이름에서 알 수 있듯이 곳곳에 소나무를 감상할 수 있도록 지어졌다. 1층에서 4층 루프탑까지 다양한 콘셉트로 마련된 공간에서 마산 바다를 조망할 수 있고 저녁이면 정원과 건물에 조명이 밝혀져 낮과는 전혀 다른 분위기가 연출된다.

ⓐ 창원시 성산구 삼귀로 486번길 13-26
ⓣ 055-275-0711 ⓗ 11:00-22:00(주말은 23:00까지)
ⓟ 아메리카노 5,000원 ⓜ Map → 3-C7

g. 더원(THE ONE)

더원은 식당과 함께 운영되는 루프탑이 매력적인 카페이다. 선입견이 있을 수 있지만 일단 루프탑의 매력만큼은 손꼽을 만하다. 건물 뒤로 루프탑으로 오르는 계단이 있다. 녹아내릴 듯한 아이스크림 오브제를 지나 계단을 오르면 보기만해도 아슬아슬한 포토존 '천국의 계단'이 펼쳐진다. 넓은 루프탑 공간에 펼쳐진 파라솔은 휴양지에 온 듯 설렘을 가득 안겨 주고 그 너머로 바다가 시원스레 펼쳐진다. 이곳, 포토존 맛집이다.

- Ⓐ 창원시 성산구 삼귀로486번길 19-6 2층
- Ⓣ 070-4482-0255 Ⓗ 10:30-22:00
- Ⓟ 아메리카노 5,000원 Ⓜ Map → 3-C4

h. POV

더원은 식당과 함께 운영되는 루프탑이 매력적인 카페이다. 선입견이 있을 수 있지만 일단 루프탑의 매력만큼은 손꼽을 만하다. 건물 뒤로 루프탑으로 오르는 계단이 있다. 녹아내릴 듯한 아이스크림 오브제를 지나 계단을 오르면 보기만해도 아슬아슬한 포토존 '천국의 계단'이 펼쳐진다. 넓은 루프탑 공간에 펼쳐진 파라솔은 휴양지에 온 듯

- Ⓐ 창원시 성산구 삼귀로486번길 19-6 2층
- Ⓣ 070-4482-0255 Ⓗ 10:30-22:00
- Ⓟ 아메리카노 5,000원 Ⓜ Map → 3-C2

로컬 추천 귀산동 찐맛집

라온하제

한 번의 실패를 거친 후 두 번째 방문에서 그것도 겨우 맛볼 수 있었다. 첫 번째 방문에 웨이팅이 너무 길어 먹지 못했던 라온하제는 귀산동에 위치한 맛집으로 유명한 곳이다. 쌀국수를 중심으로 다양한 아시안계 퓨전요리를 선보인다. 푹 끓인 육수의 깊은 맛을 자랑하는 프리미엄 쌀국수, 돼지고기 덮밥이 인기이고 돼지 목심과 갖가지 채소와 부재료를 곁들여 싸먹는 라온도마쌈도 인기다. 작은 바다가 보이는 창가 쪽으로 자리가 있어 먹는 내내 풍경이 함께한다. 웨이팅은 대략 1시간, 예약은 받지 않는다.

- Ⓐ 창원시 성산구 삼귀로 361 Ⓣ 055-263-3332
- Ⓗ 11:30-20:00 (15:00-17:00 브레이크 타임), 월요일 휴무 Ⓟ 프리미엄 쌀국수 12,000원
- Ⓜ Map → 3-R1

i. 하우요

귀산의 드라이브 코스 막다른 길 끝에 숨어 있는 카페 하우요는 자체 로스팅 시설을 갖춘 핸드드립 전문 카페이다. 커피의 본질에 집중한 이곳은 들어서는 순간 마치 갤러리로 들어온 듯한 정적이 흐른다. 분명 사람이 있지만 소란스럽지 않은, 분위기에 압도되는 카페이다. 농부가 비가 오면 하던 일을 멈추고 휴식을 취하듯, 현대인들이 복잡한 일상에서 커피로 잠시나마 쉬어가기를 바라는 마음을 담아 '여름비에 노래함'을 뜻하는 고산 윤선도의 '하우요(夏雨謠)'에서 이름을 가져왔다. 이름이 뜻하는 바와 같이 자연과 함께 잠시 쉬어가기 좋은 카페이다.

- Ⓐ 창원시 성산구 삼귀로 524-6 Ⓣ 055-264-2327
- Ⓗ 12:00-22:00(월, 화 휴무) Ⓜ Map → 3-C8

WHERE YOU'RE GOING

창원 지역 한눈에 살펴보기

도심의 세련되고 트렌디한 가로수길, 파도소리 들으며 걷는 숲길, 그리고 해안선 끝자락의 작은 항구마을까지. 창원은 새로움이 넘치고 자연이 가득하며 감성이 짙은 도시이다. 미리 코스와 동선, 지역의 특징을 파악하고 여행의 준비를 시작해 보자!

마산회원구

KTX 마산역이 위치하고 있으며 백두대간 낙남정맥의 최고봉인 무학산이 위치한 마산회원구는 산 좋고 물 좋은 곳으로 알려져 있다. 주류회사인 무학이 주류박물관 굿데이뮤지엄을 운영하고 있으며 봉암수원지, 팔룡산 돌탑공원 등 자연 속 관광지를 둘러볼 수 있다. 산이 깊은 내서면에는 오래된 고택을 개조한 카페들이 생겨나고 있다.

마산합포구

마산합포는 항구와 가까워 예로부터 시장과 상권이 발달해 많은 사람이 모이던 곳이다. 아구찜, 복어, 장어 등 먹거리와 볼거리가 풍부하고, 바다 가까이에서 풍광을 즐기기에도 좋다. 3.15의거 발원지로 민주역사의 흔적들이 남아 있는 의미있는 지역이며 문신미술관, 마산문학관 등에서 마산이 배출한 뛰어난 예술가들을 추억할 수 있는 곳이다. 해안선을 따라 해양드라마세트장, 콰이강의 다리, 저도 비치로드가 이어지는 최고의 드라이브 코스이며 세계 최초의 로봇테마파크인 로봇랜드 등 다이내믹한 여행을 즐길 수 있는 지역이다.

의창구
주남저수지, 북면수변생태공원이 위치하고 있어 생태학습적으로 의미가 크다. 오래된 구도심이 남아 있어 그 자체로 매력적인 지역이다. 요즘 구도심 골목을 그대로 살리면서 문화가 접목된 거리로 되살리려는 노력들이 일고 있다. 소리단길이 좋은 예이다. 이곳에서는 골목 카페 산책을 추천하고 싶다. 의외의 것들을 발견하게 될 것이다.

성산구
창원특례시청이 위치하고 있는 행정중심, 상업중심지역이며 창원의 트렌드를 읽을 수 있는 메타세콰이어 가로수길, 도심의 우아한 용지호수공원 등 다양한 휴식 공간이 함께하고 있다. 창원의 집, 창원역사민속관, 창원과학체험관, 창원수목원에서는 아이들과 함께 즐기기 좋다. 마창대교가 보이는 귀산카페거리가 핫플레이스로 인스타를 뜨겁게 달구고 있다.

진해구
특히 벚꽃시즌이라면 여좌천로망스다리, 경화역은 꼭 가보아야할 명소이다. 진해역에서 멀지 않는 곳에 군항마을역사길이 조성되어 있으니 역사를 곱씹으며 거리를 걸어보는 것도 의미있는 여행이 될 것이다. 속천항에는 항구마을과 잔잔한 바다뷰를 감상할 수 있는 카페들이 모여있는 '속리단길'이 형성되어 있고, 창원편백치유의 숲, 진해드림파크 등에서는 이전에는 느껴보지 못한 자연속 힐링을 경험할 수 있을 것이다.

SPOTS TO GO

다양성이 더해서 더욱 흥미로운 창원특례시. 싱그러운 나무 아래 사람들의 여유가 넘치고, 바다와 산이 만나 풍요로움과 활기가 넘치며, 근대역사마을의 레트로한 풍경이 감성을 자극한다. 다양한 감성이 조화를 이루며 예술과 문화, 자연의 아름다움까지 어우러진 도시, 창원을 만나보자.

01
CHANGWON AREA : 도심과 자연의 바람직한 조화, 창원권

02
MASAN AREA : 자연의 풍요로움 속으로, 마산권

03
JINHAE AREA: 레트로한 감성에 매료되다, 진해권

도심과 자연의 바람직한 조화, 창원권
CHANGWON AREA

가로수길을 따라 걷기만 해도 낭만이 흘러넘치는 도시, 숨어 있는 자연생태학적 존재감을 알아가는 도시, 예술과 역사, 문화의 다양성을 발견하는 도시. 창원을 걷다 보니 다양한 의외성을 발견하게 된다. 그 의외성을 즐겨 보자.

1. Romantic City
로맨틱 시티

창원은 로맨틱하다. 자세히 들여다보면 그러하다. 유럽의 거리를 연상시키는 메타세콰이어 가로수길, 연인들의 데이트 코스 용지호수공원, 작은 골목을 밝히는 따뜻한 조명이 인상적인 카페들. 창원의 의외성을 로맨틱함에서 찾았다.

Tip. 가로수길 촬영 Tip
가로수길에 들어서면 눈이 휘둥그레 질 정도로 웅장한 나무길을 만나게 된다. 막상 이 길을 핸드폰 카메라에 담으려면 내눈으로 보는 만큼의 황홀한 광경이 담기지 않아 아쉽기만 하다. 그래서, 가로수길 촬영팁 하나! 어울림동산 옆, 그러니까 1997영국집 건너편에 작은 잔디 공원이 있다. 이곳 푸른 잔디와 가로수를 동시에 담으면 유럽 못지 않은 분위기를 연출할 수 있다.

 창원도심 성산구

메타세콰이어 가로수길

창원의 가장 핫한 카페와 베이커리, 갤러리와 부티크가 가득해 창원의 트렌드를 읽을 수 있는 거리이다. 약 3.3km에 이르는 메타세콰이어 가로수 풍경이 마치 유럽의 거리를 연상시킨다. 1980년대 초반 창원은 신속한 녹화가 필요했고 그에 가장 적합한 메타세콰이어가 심어졌다. 나무들은 40년간 묵묵히 그 자리를 지키며 사계(四季)를 담아내고 있으며 사람들의 쉼터가 되고 있다. 가로수길에 조명이 밝혀지고 가게에도 불이 들어오기 시작하면 거리는 로맨틱함으로 물들어 간다.

INFO
Ⓐ 창원시 성산구 용지로 239번길 19-4　Ⓜ Map ')3 ★8

그리너리 가로수길 카페 (p.054)

테트라
2층 커다란 창으로 내려다보는 가로수길의 풍경이 아름다운 카페 테트라. 단아한 건물 외관과 입구에 들여놓은 야리야리한 유칼립투스 화분이 걸음을 멈추게 한다.

무음
미술관을 연상케하는 실내 분위기가 압도적인 무음은 커피가 짙고 창 뷰가 멋진 가로수길 카페이다. 주택을 개조한 듯 보이는 평범한 외관과는 달리 내부는 시크하고 모던하다.

밀집
자갈 마당에 시원스럽게 펼쳐진 야외 테라스와 붉은색 벽돌이 인상적인 이곳은 가로수길을 지나가다 한 번쯤은 고개를 돌리게 되는 베이커리 맛집, 밀집이다.

창원도심 성산구
용지공원(용지호수공원)

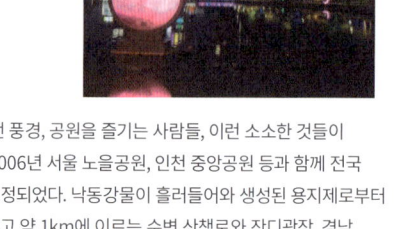

여행 중 그 지역의 공원에서 보았던 풍경, 공원을 즐기는 사람들, 이런 소소한 것들이 오래 기억에 남는다. 용지공원은 2006년 서울 노을공원, 인천 중앙공원 등과 함께 전국 아름다운 도심 공원 베스트 5에 선정되었다. 낙동강물이 흘러들어와 생성된 용지제로부터 시작된 거대한 호수가 중심을 이루고 약 1km에 이르는 수변 산책로와 잔디광장, 경남 항일운동 기념탑 등 다양한 시설이 들어서 있다. 용이 이곳에서 하늘로 올랐다 하여 '용지'라는 지명이 유래했다고 한다. 밤이면 용지공원의 심볼인 분수에 총 6곡의 테마곡이 흐른다. 음악이 함께하는 로맨틱한 순간이다.

― INFO ―
Ⓐ 창원시 성산구 용지로169번길 26 Ⓜ Map → 3-★7

창원도심 성산구
장미공원

성산구 가음동에 위치한 장미공원은 세계 각국의 약 1만여주의 활짝핀 장미를 감상할 수 있는 곳이다. 15,000㎡ 규모로 조성된 이곳에는 핑크와 노랑 등 색색의 장미로 둘러쌓인 큐피트 분수대, 장미터널, 장미탑, 장미담장 등 장미 포토존이 가득하고 사슴가족조형물, 흔들의자, 캐릭터 포토존, 축구장, 농구장, 어린이놀이터 등 가족 혹은 연인이 함께 즐기기에 좋은 공간들로 채워져 있다. 밤에는 라이트업되어 낮과는 또다른 매력의 밤의 장미를 즐길 수 있다. 산책로가 잘 꾸며져 있어 계절과 관계없이 걸으며 힐링할 수 있는 도심속 테마 공원이다.

― INFO ―
Ⓐ 창원시 성산구 창원대로 927 Ⓜ Map → 3-★2

창원도심 성산구
창원수목원

사계절 내내 꽃과 식물의 정령을 만날 수 있는 곳이다. 수목원 입구의 멋들어진 수양버들이 눈길을 사로잡는다. 수목원의 도보 길가에는 꽃과 나무로 가득하고 선인장 온실, 유럽정원, 교과서 식물원, 재배온실 등 총 14개의 테마전시원으로 꾸며져 있으며 이름도 생소한 어마어마한 스케일의 식물들을 수없이 만나게 된다. 창원수목원의 하이라이트인 하늘정원의 계단을 올라 뒤돌아 내려다보면 아름다운 정원 풍경이 펼쳐진다.

― INFO ―
Ⓐ 창원시 성산구 심동통 산14-1 Ⓘ 09:00-18:00 Ⓜ Map → 3-★6

창원도심 성산구

성주사

불교가 전파된 산이라고 하여 이름지어진 불모산에 아늑하게 자리잡은 창원을 대표하는 절 성주사는 돌계단과 돌담에서 유서 깊은 절의 정취가 느껴진다. 신라 42대 흥덕왕때에 지어졌다고 알려져 있으나 최근 제기된 가야시대 창건설이 설득력을 얻고 있다. 김수로왕과 허왕옥의 일곱 아들이 성주사로 출가를 하고 왕은 아들이 보고 싶을 때마다 찾아와 우물을 마셨는데 그 우물을 임금이 마신 우물이라하여 어수각이라고 이름지었다는 설화가 있다. 대웅전과 삼층석탑, 감로왕탱, 용화전 미륵보살 동종 등 소중한 문화재를 둘러볼 수 있다.

INFO
Ⓐ 창원시 성산구 천선동 1300   Ⓣ 055-262-0108   Map → 3-★3

Tip. 성주사 한옥카페 '요천루'
성주사 입구에 운치있는 한옥카페 '요천루'가 위치하고 있다. 바로 옆에 계곡이 흐르고 있어 물소리와 함께 차를 맛 볼 수 있는 힐링의 공간이다. 부드러운 나무 소재의 인테리어와 라탄 소품들이 한결같이 따뜻함을 전한다. 오미자, 레몬, 자몽 등 수제청 차 종류가 다양하다.
Ⓐ 창원시 성산구 곰절길191   Ⓣ 09:00-18:00
Ⓜ Map → 4-C6

더위를 식혀주는 맛!
인기메뉴 오미자차

창원도심 의창구

시티세븐

창원 컨벤션 센터와 특1급호텔, 레스토랑과 문화시설을 갖춘 복합쇼핑몰이다. 일본의 롯본기힐즈를 디자인한 미국 저디 사의 에드워드 로페즈가 물과 빛, 정원의 세가지를 모티브로 흐름과 소통, 체험이 가능하도록 디자인하였다. 밤이 되면 화려한 물길이 1층에서 5층까지 이어지고 쇼핑 스트리트와 곳곳의 공간에서 매혹적인 빛의 향연이 펼쳐진다. 다양한 엔터테인먼트를 한 곳에서 즐길 수 있는 곳이다.

창원도심 성산구

셰프의 거리

셰프의 거리는 창원 숭앙농 상업지역에 형성된 음식 테마거리이다. 평화상가에서 시작해 대흥인터빌에 이르는 약 800m의 거리에 총 300여개의 음식점에서 셰프의 인생 담긴 요리를 맛볼 수 있다. 2020년 행정안전부 골목경제회복지원 공모사업에 선정되면서 기존에 있어 '중앙동 테마거리'에서 '셰프의 거리'로 재탄생하였다. 음식과 예술이 함께하는 공간으로 색을 입혀 더욱 이채로운 거리가 되었다. 이곳의 매력은 다른 곳에서 경험하지 못한 요리를 맛볼 수 있다는 것이다. 다국적 레스토랑과 펍이 많아 외국인 손님이 많아 밤이 되면 마치 작은 이태원을 연상시킨다. 이국적인 요리와 여행의 색다른 매력을 느낄 수 있는 레스토랑과 펍을 모아 보았다.

INFO
Ⓐ 창원시 성산구 중앙동
Ⓤ http://chefstreet.co.kr/ 동

INFO
Ⓐ 창원시 의창구 원이대로 329 더시티세븐   Ⓣ 055-600-5114
Ⓗ 10:00-22:00(식당은 23:00까지)   www.city7mall.com   Ⓜ Map → 2-S1

2. Ecological City
습지생태환경도시

창원시 대사면 일대에 세계 습지생태환경에 중요한 역할을 하는 주남저수지가 위치하고 있다. 주남저수지는 주변에 농업용수를 공급할 뿐만 아니라 철새의 휴식과 번식을 담당하는 생태환경적으로 중요한 지역이다. 사계절 아름다운 습지 풍경도 함께 즐겨보자.

의창구
주남저수지

이름도 없고 중요성도 알지 못했던 저수지는 그 옛날, 동네의 이름을 딴 '늪'에 불과했다. 단지 주변 농사지역에 농업용수를 공급해주던 저수지에 지나지 않았기 때문이다. 1970년대 후반부터 가창오리떼가 이곳에서 월동하기 시작하면서 주남저수지는 철새도래지로 주목받게 된다. 지금은 동양 최대의 철새도래지로 알려져 있으며 특히 재두루미의 월동지로 유명하다. 주남저수지의 총면적은 8,980,000㎡이고 주남저수지, 동판저수지, 산남저수지 등 총 3개의 늪으로 이루어져 있다. 2008년 람사르총회 개최지로 우수한 문화적 기능도 수행하고 있으며 여름이면 연꽃단지가 조성되고 가을이면 코스모스길과 갈대숲이 절경을 이룬다.

INFO
Ⓐ 창원시 의창구 동읍 대산면 일원　Ⓣ 055-225-2798　Ⓜ Map → 2-★2

Plus. 람사르문화관

주남저수지에 도착하며 가장 먼저 눈에 들어오는 곳이 람사르문화관이다. 이곳은 2008년 10월 창원에서 개최된 제 10차 남사르총회를 기념하고 람사르협약의 정신을 확산시키고자 설립된 건축물이다. 람사르협약이란 습지의 보전성을 알리고 보존가치를 높이기 위해 지정된 국제협약이며 1971년 람사르에서 처음 채택되었다. 이곳에서 전세계의 람사르 습지 분포와 람사르협약의 철학 등을 전시하고 있으며 습지체험시설, 에코전망대 등의 생태 체험시설과 다양한 정보를 공유할 수 있는 공간들로 이루어져 있다.

Ⓐ 창원시 의창구 동읍 주남로 101번길 26　Ⓣ 055-225-2798　Ⓜ Map → 2-★5

Tip. 주남돌다리

동읍 판신마을과 대산면 고등포마을 사이를 흐르는 주천강에 위치하고 있는 작은 돌다리이다. 약 800여 년 전, 두 마을 사람들이 힘을 모아 무려 길이 4m에 이르는 돌을 옮겨와 두 마을을 잇는 다리를 놓았다고 한다. 실제로 보면 그리 큰 규모는 아니지만 당시 큰 돌을 옮겨와 다리를 만들고 비가 와 강이 불어나도 무서 큰 강을 건넜을 사람들의 모습을 생각하니 새삼 이 돌다리가 크고 웅장하게 느껴진다.

의창구
북면수변생태공원

낙동강변을 따라 길게 뻗은 자전거 길이 잘 다듬어진 자연속 공원이다. 외산습지원, 신촌습지원 등 주남저수지와 함께 습지생태환경이 조성되어 있으며 달무리광장, 수변무대, 체육공원 등의 시설이 충실하게 갖춰져 있다. 특히 가을이면 광활한 코스모스 평야가 펼쳐지고 다양한 식물들의 식생을 관찰할 수 있어 가족단위의 방문객이 많고 전동 킥보드를 대여해 공원 일대를 달리거나 조용한 캠핑을 즐기려는 사람들의 편안한 휴식처이다.

INFO
Ⓐ 창원시 의창구 북면 외산리 33　Ⓜ Map → 2-★1

3.
History & Culture Experience
아이들과 함께하는 역사 문화 체험 공간

창원을 둘러보다 보면 예상하지 않은 곳에 의외의 볼거리들이 많다. 도시가 생성될 때 그곳의 역사와 문화를 파괴하지 않고 어떻게 새롭게 지을 것인가 대한 고민이 얼마나 깊었을까. 한옥 정원처럼 고즈넉한 창원의 집, 창원단감테마공원 등 창원의 문화와 역사를 되새겨줄, 특히 아이들과 함께라면 꼭 추천하고 싶은 곳들만 모아 보았다.

의창구
창원단감테마공원

창원의 온화한 기후와 낙동강의 풍부한 수원, 비옥한 토양은 단감농사에 최적화된 환경으로, 대한민국 최초로 단감이 재배된 지역이다. 창원 단감의 역사는 1910년대 후반으로 거슬러 올라간다. 창원단감테마공원은 이러한 창원의 단감재배 역사를 기록하고 그 가치를 알리기 위해 2016년 건립되었다. 이곳에서 100년을 넘긴 단감 시배목을 관람할 수 있으며 5m 높이의 전망대에서 공원 전체와 주남저수지를 조망할 수 있다.

INFO
Ⓐ 창원시 의창구 동읍 동읍로 359번길 27
Ⓣ 055-225-5437　Ⓗ 10:00-17:00　Ⓟ 무료　Ⓜ Map → 2-★4

의창구
창원의 집 & 창원역사민속관

햇살이 좋은 조용한 골목에 위치한 창원의 집은 14개 동의 전통한옥으로 이루어진 조선시대로의 타임슬립 공간이다. 본래 순흥 안씨 집안이 200년 동안 살던 가옥으로 당시의 생활 모습을 보여주는 공간들이 그대로 남아 있다. 안채와 사랑채, 농기구 전시관 등이 남아 있고 단아한 한옥 정원을 감상할 수 있다.

INFO
Ⓐ 창원시 의창구 사림로 16번길 59　Ⓣ 09:00-18:00　Ⓗ 월요일 휴관
Ⓟ 무료　Ⓜ Map → 2-★7

성산구
창원과학체험관

과학은 어렵다는 편견을 깨뜨리고 즐겁게 배우는 과학 배움의 터전을 마련하고자 2010년 설립되었다. 경남 유일의 과학 전문 체험관으로 전시관의 90%이상이 체험이 가능한 참여형 프로그램으로 이루어져 있다. 수력발전, 전기 등의 현상을 체험하는 기초과학존, DNA를 공부하며 실제로 두뇌게임에 참여할 수 있는 생명과학존, 그 밖에 환경과 에너지, 기계소재, 지진 체험장까지 갖추어져 있다. 과학은 어렵지 않다는 것을 생활에서 체험할 수 있도록 한 배려가 돋보이는 공간이다.

INFO
Ⓐ 창원시 성산구 충혼로 72번길 16　Ⓣ 055-267-2676　Ⓗ 월요일 휴관
Ⓟ 입장료 어른 3,000원 청소년 2,500원 초등학생 2,000원　Ⓤ www.cwsc.go.kr　Ⓜ Map → 3-★5

Plus. 창원역사민속관

창원의 집과 작은 골목 하나를 사이에 두고 창원역사민속관이 위치하고 있다. 이곳은 창원의 생성과 현재에 이르기까지의 역사를 한눈으로 알기 쉽게 설명하고 있는 공간으로 선조들의 삶의 흔적과 전통문화유산의 우수성을 보여준다.

Ⓐ 창원시 의창구 사림로 16번길 59
Ⓣ 09:00-18:00　Ⓗ 월요일 휴관
Ⓟ 무료　Ⓜ Map → 2-★6

자연의 풍요로움 속으로, 마산권
MASAN AREA

활기찬 어시장 풍경을 떠올리게 하는 마산은 경남의 명동이라 불릴 만큼 번창했던 창동을 중심으로 상업이 발달했던 지역이다. 지금 마산은 그 창동을 중심으로 창동예술촌, 창원시립문신미술관, 창동예술촌, 상상길, 가고파 꼬부랑길 벽화마을로 이어지는 예술의 도시로 거듭나고 있다. 거친 바다의 생명력과 함께 섬세한 예술적 감각이 돋보이는 곳, 마산이다.

1.
Art, Culture & History
예술, 문화, 역사의 도시

마산에서는 창동문화예술촌을 시작으로 문신미술관, 가고파 꼬부랑길 벽화마을을 따라 걸으며 '예술의 도시'라는 의외성을 찾았다. 파스텔 색으로 곱게 물든 벽화마을 꼭대기에서 바라본 마산항의 풍경은 오랫동안 잊히지 않을 것이다. 천천히, 구석구석 둘러보길 바란다.

마산합포구

창동예술촌

창동은 경남의 명동으로 불리던 곳이다. 창동을 되살리기 위해 사람들이 다시 모였고 비워졌던 공간들이 채워지기 시작했다. 지금은 도예공방, 개인 아뜰리에, 카페, 소품편집샵, 금속공예점, 갤러리, 책방이 열리면서 거리는 젊어졌다. 거리에 색을 칠하기 시작했고, 꽃을 심고 가꾸었다. 그렇게 사라져 갈 뻔한 공간들은 다시 살아나 숨 쉬고 있다. 그 시절의 영화는 아니지만 그들만의 이야기를 차곡차곡 쌓아가고 있다. 창동예술촌은 크게 3개의 주제를 가진 골목이 있다. 예술인과 예술 상인들이 융화하여 테마를 만들어가는 '에꼴 드 창동 골목'은 골목을 복원하고 이야기를 만들고 연출해 나간다. '마산예술흔적 골목'은 50~80년대 추억거리를 재연 및 복원을 주제로, '문신예술 골목'은 마산 출신 조각가 문신의 재조명을 주제로 하고 있다. 구글지도가 아닌 창동예술촌 지도를 펼치고 골목마다의 의미를 새기며 걸어보길 바란다.

INFO
Ⓐ 창원시 마산합포구 오동서6길 24 ☎ 055-222-2155
Ⓤ changdongartvillage.kr Ⓜ Map → 6-★5

Plus. 상상길

연인들의 길이라 하여 '쌍쌍길'로도 불리는 이 길은 마산에서 가장 사람이 많은 곳이다. 코아 양과 앞 부종거리 건너편 골목길에서 부림시장에 이르는 약 150m의 이 길에 마산의 오래된 노포 맛집이 밀집되어 있기 때문이기도 하다. 상상길 보도 블록은 한국을 상징하는 다섯가지 색으로 마감되어 있다. 이는 2015년 한국관광공사가 세계인을 대상으로 실시한 '당신의 이름을 한국에 새겨보세요'라는 인터넷 캠페인을 통해 당첨된 글을 뽑아 그 이름을 보도 블록에 새기도록 한 글로벌 캠페인이다. 상상길의 보도 블록에 다섯가지 한국을 상징하는 색을 깔고 그들의 이름을 새겼다. 그들이 상상하는 한국의 아름다움을 표현한 것이다. '창동예술촌'에 들러 이색적인 골목을 감상하고, 50년 전통 '고려당'에서 유명한 빠다빵도 먹어 보고, 활기찬 부림시장에서 마산의 분위기도 한껏 느껴보자.

Ⓐ 창원시 마산합포구 동서북10길 일원
Ⓟ 무료 Ⓜ Map → 6-★6

Tip. 마산부림시장

상상길에서 이어지는 부림시장은 마산을 대표하는 전통시장이다. 의류도소매, 한복, 먹거리로 크게 나뉘어 운영되고 있다. 부림시장의 명물 '6.25떡볶이' 가게는 연일 사람들로 북적인다.

Ⓐ 창원시 마산합포구 3.15대로
Ⓜ Map → 6-★10

마산합포구
창원시립문신미술관

소박한 도시풍경이 내려다 보이는 언덕에 창원시립문신미술관이 자리하고 있다. 2022년은 작가 문신 탄생 100주년이 되는 해이다. 경상남도 마산에서 태어난 작가는 평생 고향을 그리워하는 삶을 살았다. 1961년 파리로 건너가기 전까지는 인물과 풍경을 주제로 한 유화를 주로 그렸으나 파리로 건너간 후 순수 조형 작업의 조각을 경험하게 된다. 주로 파리에서 활동하던 작가 문신은 1980년 유년시절을 보낸 마산으로 귀국하여 15년간 자비로 미술관 건립에 정열을 쏟고 1994년 문신미술관이 개관하였으나 1년 후 타계하고 만다. 고향 마산에 미술관을 바치고 싶어 했던 작가의 유언에 따라 미술관은 시에 기증되었다.

INFO
Ⓐ 창원시 마산합포구 문신길 147　Ⓣ 055-225-7181
Ⓗ 09:00-18:00, 매주 월요일 휴무　₩ 500원　Ⓜ Map → 6-★8

마산합포구
가고파 꼬부랑길 벽화마을

창동 부림시장을 지나 성호동과 추산동 산동네 일대 30가구를 잇는 골목에 2013년 벽화마을이 만들어졌다. 하얀 벽에 꼬부랑 할머니 벽화와 알록달록 색칠된 벽은 한눈에도 이곳이 벽화마을임을 알려준다. 조금은 가파른 길을 올라야하지만 마을에 다다르면 오색 물감이 물든 풍경에 기분이 좋아진다. 색이 조화롭고 골목과 그림의 구도가 뛰어나다. 어디 한 곳이 도드라지지 않고 채색된 곳과 그렇지 않은 곳의 채도차가 적어 거부감이 없고 낡은 고무통 화분 등 골목의 구조물들과도 잘 어우러지고 있다. 이렇게까지 색을 유지하고 관리하려면 꽤나 많은 정성을 들였을 듯 싶다. 다른 벽화마을과 달리 상업적인 공간이 적어 유지하기 쉽지 않을텐데. 무지개 돌계단, 민화, 우물 등 그림들이 인상적이다. 실제로 사람들이 생활하는 터전을 방문하는 것이니 에티켓을 지키며 둘러보자.

Plus. 임항선 그린웨이

가고파 꼬부랑길 벽화마을 입구에 폐철길을 이용해 공원으로 조성한 곳이다. 임항선은 1905년에서 2011년까지 경전선 마산역에서 마산항역을 운행하는 노선이었으나 폐철이 되었다. 4.6km에 이르는 폐철길 구간을 추억과 감성 가득한 휴식 공간으로 탈바꿈시켰다.

INFO
Ⓐ 창원시 마산합포구 성호서7길 15-8　Ⓜ Map → 6-★7

마산합포구

봉암수원지

봉암수원지로 올라가는 산책길은 팔용공원 소망길 입구와도 이어지는 걷기 좋은 길이다. 수원지 목전에 위치한 돌계단 때문에 마지막 스퍼트를 내야하지만 정상에 오르면 봉암수원지가 시원하게 펼쳐지며 땀을 식혀준다. 봉암수원지는 일제강점기 마산에 거주하던 일본인에게 물을 공급하기 위해 인위적으로 만든 수원지이다. 원형이 잘 보존되어 있어 당시의 축조기술을 엿볼 수 있는 가치 있는 자료로 국가등록문화재로 지정되어 있다.

INFO
Ⓐ 창원시 마산합포구 동서북10길 일원   Ⓜ Map → 5-★3

마산합포구

누군가의 염원이 돌탑이 되어 서 있다. 팔룡산 돌탑공원은 한 개인의 통일의 기원이 아로새겨진 1,000여기의 탑들로 이루어진 공원이다. 이산가족으로 그 아픔이 사무쳤던 한 남자가 1993년 3월 23일부터 모두 1,000기의 돌탑을 쌓기로 결심하고 쌓기 시작한 것이 언론에 보도되면서 외국에까지 알려지고 마침내 마산 9경에 선정되었다. 이 돌 하나하나에 얼마나 애틋한 마음이 담겨 있는지 헤아리기 조차 힘들다. 공든 탑이 무너지지 않도록 조심해서 둘러보자.

INFO
Ⓐ 창원시 마산합포구 동서북10길 일원   Ⓜ Map → 5-★1

Tip.

주차장에 위치한 공원 입구에서는 돌탑 군락지만 갈 수 있는 것이 아니고 팔룡산 등산로로 진입할 수도 있으니 돌탑 군락지 이정표를 잘 확인하고 따라가길 바란다.

Plus. 굿데이뮤지엄

소주 브랜드 '좋은데이'로 알려진 무학은 마산에 뿌리를 둔 기업이다. 무학의 역사와 인류와 함께 해 온 술의 문화를 알리기 위해 2015년 7월 박물관이 문을 열었다. 세계 각국의 약 3,000여 종의 술이 비치되어 있으며 마산의 1900년대의 모습을 재현해 놓은 재현전시관, 무학의 공장모습과 기업정신을 설명하는 무학의 전당, 그리고 뮤지엄샵과 시음공간 등 총 4개의 전시관으로 나뉘어져 있는 국내 최대 규모의 술 박물관이다. 평일 자유로이 관람이 가능하다.

Ⓐ 창원시 마산합포구 동서북10길 일원   Ⓜ Map → 5-★2

레트로 감성이 가득한 대폿집 풍경

2. Coastal View
바다와 함께하는 힐링

마산은 바다를 곁에 둔 다이나믹한 공간들이 많은 지역이다. 뿐만 아니라 바다와 함께하는 힐링 공간 또한 마산 바다의 강점이다. 특히 비취색 바다의 아름다운 풍경에 압도되는 비치로드는 압권이며, 로맨틱한 분위기의 광암해수욕장은 꼭 추천하고 싶은 명소이다.

마산합포구
해양드라마세트장

전국에 드라마 세트장은 많지만 바다를 배경으로 하는 세트장이라는 점, 가야시대를 배경으로 한다는 점 등에서 특별함이 있는 곳이다. <김수로>, <미스터 션샤인>, <역적>, <징비록>, <육룡이 나르샤>, 최근의 <꽃 피면 달 생각하고> 등 굵직굵직한 시대극 드라마의 촬영장으로 쓰여졌다. 앞으로도 필모그래피는 계속 늘어날 듯 하다. 바다를 배경으로 한 아름다운 풍경과 바닷가 선착장, 야철장, 마굿간, 저잣거리 등의 목조 셋트장이 드라마의 현장감을 더해준다.

INFO
Ⓐ 창원시 마산합포구 구산면 해양관광로 876-2
Ⓣ 055-248-3711　Ⓗ 09:00-18:00　Ⓜ Map → 6-★2

Plus. 파도소리길

해양드라마세트장에는 아름다운 바다를 곁에 두고 걸을 수 있는 길이 있다. 향기나라 옆 숲길에서 시작해 선착장 세트장으로 다시 돌아오는 파도소리길은 바다를 느끼고 파도의 소리를 들으며 걸을 수 있는 아름다운 해양숲길이다. 1.7km에 이르는 파도소리길에는 전망대와 해양 데크로드가 설치되어 있어 온가족이 함께 편히 걸을 수 있다.

마산합포구
콰이강의 다리

마산 앞 바다에 강렬한 붉은 색 다리가 육지와 섬을 잇고 있다. 1987년 구산면과 저도를 잇기 위해 길이 170m, 폭 3m의 철교가 놓였다. 이후 2004년 보행자 전용 다리로 새단장하면서 다리 바닥을 유리로 마감하고 아래로 바다가 보이는 스카이워크로 변화하면서 크게 주목을 받기 시작했다. 지금 마산에서 가장 핫한 콰이당의 다리는 연인이 함께 건너면 사랑이 이루어진다는 전설이 있다. 발밑으로 파도가 부서지는 스릴감을 직접 체험할 수 있다.

INFO
Ⓐ 창원시 마산합포구 구산면 해양관광로 1872-60
Ⓣ 055-220-4061　Ⓗ 10:00-22:00　Ⓜ Map → 6-★3

마산합포구
돝섬해상유원지

마산어시장 근처에 돝섬으로 들어가는 유람선 터미널이 있다. 이 곳에서 배로 약 10분이면 돼지섬 돝섬에 도착한다. 돝은 '돼지'의 옛말이며 섬모양이 돼지가 엎드려 있는 듯하다 하여 붙여진 이름이다. 가락국 왕의 총애를 받던 미희가 황금돼지로 변하였다 하여 황금돼지섬이라고도 한다. 예로부터 이곳에서 기우제를 지내면 비가 내려 소원을 빌면 이루어진다는 전설과 섬을 한바퀴 돌면 건강하고 행복하다는 전설도 있다. 봄이면 꽃이 절경을 이루고 섬 전체가 녹음이 우거져 국내 최초로 해상유원지로 지정되었다.

INFO
돝섬유람선터미널
Ⓐ 창원시 마산합포구 제2부두로 56　Ⓣ 055-245-4451
Ⓟ 왕복유람선(돝섬해상유원지 입장료 포함) 어른 8,000원 중고생 7,000원 초등학생 이하 5,000원　Ⓗ 09:00~17:00 30분 간격으로 운행, 나오는 마지막 배 18:00(점심시간 12:00~12:30)　Ⓤ robot-land.co.kr　Ⓜ Map → 6-★12

마산합포구
광암해수욕장

광암해수욕장은 창원에 위치한 유일한 해수욕장이다. 새단장하여 개장하고 시민들이 뽑은 우수 해변으로 선정되었다. 이 근방의 진동항은 전국에서 가장 규모가 큰 미더덕 공판장이 있어 제철인 봄이 되면 미더덕회를 맛볼 수 있다. 해변에 비치 파라솔이 군데군데 설치되어 있어 그늘막에서 사람들은 평화로운 오후를 보내고 있다. 밤이면 해변 산책로에 조명이 켜지며 로맨틱한 분위기를 자아낸다. 여행은 뜻하지 않은 곳에서 그 풍광에 마음을 빼앗기곤 한다.

INFO
Ⓐ 창원시 마산합포구 진동면 요장리 Ⓣ 055-225-6606 Ⓜ Map → 6-★1

마산합포구
마산로봇랜드

세계 최초의 로봇을 테마로 한 테마파크. 입증하듯 입구에 들어서면 대형 로봇이 손님을 맞는다. 놀이기구뿐만 아니라 로봇체험, 로봇관람시설도 갖추고 있다. 로봇랜드 대표 어트랙션은 최고속도 90km/h의 쾌속열차이다. 우비를 꼭 지참해야하는 20m높이에서 하강하는 새로운 향해도 인기다. 스카이타워를 비롯 회전기어, 히전그네 등 신나는 놀이기구들로 가득하다. 미취학 아동을 위한 키즈존이 따로 있다. 놀이기구의 상태가 좋고 관리도 잘 이루어지고 있으며 그리 넓지 않아 아이들과 자유로이 하루를 보낼 수 있는 곳이다.

INFO
Ⓐ 창원시 마산합포구 구산면 로봇랜드로 250 Ⓣ 055-214-6000
Ⓟ 자유이용권 종일권 35,000원 오후권 26,000원 (어른기준), 입장권 종일권 16,000원 (어른기준). 놀이기구 1회 탑승권 6,000원
Ⓗ 10:00-18:00 (자세한 운영시간은 홈페이지 참고)
Ⓤ robot-land.co.kr Ⓜ Map → 6-★19

Plus. 진동항

광암해수욕장과 멀지 않은 진동항은 미더덕의 항구로 유명한 곳이다. 어촌마을과 선착장에 정박해 있는 배들이 활기찬 어촌의 풍경을 느끼게한다. 어둠이 내 앉으면 잔잔하게 일렁이는 바다 풍경 너머로 붉게 물들어가는 낙조가 아름답기로 유명하다. 남파랑길 11코스에 해당하며 풍광이 뛰어난 바닷길이 이어진다.

Ⓐ 창원시 마산합포구 진동면 고현리

Tip. 진동 미더덕축제&불꽃낙화

진동항은 전국 미더덕의 70%를 생산하고 있는 미더덕의 항구로, 진동 어업민의 주된 수입원이다. 미더덕의 향이 절정에 이르는 4월, 진동에서 미더덕 축제가 열리고 이 지역의 전통 민속놀이인 불꽃낙화도 함께 펼쳐진다. 이때 바다는 불꽃낙화로 장관을 이룬다.

마산합포구
저도 비치로드

쾌이강의 다리 건너에 마산의 최남단 저도가 있다. 국화빵, 호떡, 오뎅과 같은 주전부리를 판매하는 매점들이 방문객을 맞이하고 섬은 활기가 넘친다. 저도에서 빼놓을 수 없는 비치로드는 저도 출발점에서 하포주차장까지 총 길이 9.1km에 이르는 해안 도보코스이다. 길이에 따라 총 3개의 코스로 나뉘어져 있으며 가장 짧은 코스는 약 15분 정도 소요되므로 초보자들도 쉽게 도전해 볼 만하다. 특히 이곳 바다는 비취색을 띄고 있어 푸른 하늘과 어우러지는 풍경이 가히 압도적이라 할 만 하다.

INFO
Ⓐ 창원시 마산합포구 구산면 해양관광로 1666 Ⓜ Map → 6-★5

THEME : Democratic

민주 항쟁의 발자취

창원 마산은 우리나라 민주 항쟁의 시작을 알리는 곳이다. 이승만 정권의 3·15 부정선거에 반발한 3·15의거가 일어나고 수일 후 4월 11일, 마산 중앙부두에서 3·15의거 당시 최루탄에 의해 사망한 것으로 보이는 김주열 열사의 시신이 떠오른다. 이는 4·19혁명의 기폭제가 된다. 마산은 1979년 10월 18일 일어난 부마민주항쟁의 발원지이기도 하다. 무겁고 아픈 역사의 이야기, 민주항쟁의 흔적을 따라가 보았다.

MASAN AREA : 마산권

Plus. 3·15의거 발원지 기념관

3·15의거 발원지에 3.15의거 발원지 기념관이 민주당사가 위치했던 위치에 2021년에 문을 열었다. 총 4층 규모로 3·15의거 전개 과정을 자세히 설명하고 참여한 열사들의 자료가 전시되어 있다. 진실의 역사를 간접적으로나마 경험할 수 있도록 당시의 역사의 현장을 생생하게 재현하고 있다.

Ⓐ 마산합포구 문화의길54
Ⓜ Map → 6-★17

Plus. 3·15해양누리공원

마산 서항지구 공원화 사업의 일환으로 2021년 11월 개장한 3·15해양누리공원은 마산 앞바다와 마창대교를 감상할 수 있을 뿐만 아니라, 민주항쟁의 역사를 담은 추모의 벽, 김주열 열사 시신인양지 등 역사의 기록이 남아 있는 문화와 예술, 레포츠가 중심이 되는 친수 공간이다.

01. 3·15의거 발원지(오동동)

3·15의거 발원지는 당시 민주당 마산시 당사 건물 앞이다. 해당 건물은 지금은 당시의 흔적은 찾아볼 수 없지만 건물 뒤편에 부조물이 설치되어 있다. 1960년 3월 15일 정·부통령 선거 당일 번호표가 나오지 않아 투표를 할 수 없게 된 사람들이 속출하고 민주당 마산시 당원들은 선거가 무효임을 알리는 공고문을 게재하고 밖으로 나와 시민들과 시위를 시작하게 되는데 이것이 3·15의거의 시작이다.

Ⓐ 마산합포구 오동동 164-1 Ⓜ Map → 6-★17

02. 3·15의거 기념탑

3.15의거로 인해 희생된 젊은 학도들의 넋을 위로하고 3.15 의거 정신을 계승하기 위해 시민의 뜻을 모아 1962년 9월 20일 서성동 삼거리에 세워졌다. 탑의 높이는 12m, 둘레는 10.8m, 기념탑 앞에는 학생과 시민 동상이 세워져 있다. 3.15의거 기념탑은 당시 시민들의 시위가 가장 격렬했던 남성동 파출소였던 창동치안센터와 당시 마산시청이었던 마산합포구청의 중간 지점에 위치해 있다.

Ⓐ 마산합포구 서성동 84-331 Ⓜ Map → 6-★13

03. 김주열 열사 시신인양지

이곳이 '4월혁명발원지'로 불리는 이유는 1960년 3·15의거가 일어난 후, 4월 11일 이곳 마산 중앙부두에서 눈에 최루탄이 박힌 채 김주열 열사의 시신이 인양되고 그 후 시민들의 분노는 폭발하고 4.11마산민주항쟁의 불길이 전국으로 번지게 되어 마침내 4.19혁명이 일어나게 된 계기가 되었기 때문이다. 이곳은 2011년 경상남도기념물로 지정되었으며 우리나라에서 민주화 운동의 장소가 문화재로 지정된 것은 이곳이 처음이다.

Ⓐ 마산합포구 신포동 1가 47-6 외 Ⓜ Map → 6-★16

> **Plus. 민주의 문**
>
> 민주의 문에 세워진 열린 두 개의 문은 부정선거에 저항했던 뜨거운 정신, 정의와 민주를 나타낸다. 뒷면의 빛나는 금속은 3·15의거 정신을 이어받아 발전하는 민족의 밝은 미래를 상징한다.

05. 부마민주항쟁시원석

부마민주항쟁은 1979년 10월 16일~20일까지 부산과 마산을 중심으로 박정희 정부의 유신독재에 항거하기 위해 일어난 민주화 운동이다. 시작은 1979년 10월 16일 부산대학교 도서관에 학생들의 모여 시위를 벌인 것이 시작이며 이 민주화 운동은 마산으로 확산된다. 경남대학교 학생들은 1979년 10월 18일 당시 도서관으로 쓰였던 건물 앞 쉼터에서 시국을 규탄하는 시위를 시작했다. 경남대학교는 부마민주항쟁의 발원지이다. 2009년 10월 18일 부마민주항쟁 30주년을 기념하여 경남대학교 내 월영지 부근에 부마민주항쟁시원석이 세워졌다.

Ⓐ 마산합포구 경남대학로 7 Ⓜ Map → 6-★15

04. 불종거리

불종거리는 3·15의거 당시 시위 군중과 경찰이 대치했던 극도의 긴장감이 맴돌던 장소이다. 이곳에서 투석전을 전개하기도 하였으나 민주당 간부 일부가 경찰에 폭행을 당하며 강제 연행된다. 이 과정에서 시위 군중들이 창동치안센터(당시 남성동 파출소)로 몰려가 시위를 이어간다. 지금 코아베이커리 앞 횡단보도 위에 불종이 설치되어 있다.

Ⓐ 마산합포구 경남대학로 7 Ⓜ Map → 6-★18

06. 국립3·15민주묘지

1960년 3월 15일 부정선거에 맞서 항거하다 고귀한 목숨을 잃은 희생자들을 위해 설립된 국립묘지이다. 1969년 여기저기 흩어져 있던 3·15의거 희생자들의 시신을 구암동에 마련한 묘역에 이장하면서 시작되었다. 처음에는 3·15성역공원으로 조성되었으나 2002년 국립묘지로 승격되고 2003년 준공되었다. 국립3·15민주묘지 내에는 3·15기념관, 유영봉안소, 민주의 문, 정의의 상, 참배의 공간(참배단, 정의의 벽, 민주의 횃불), 3·15기념관, 상징문, 기념시비 등이 세워져 있다.

Ⓜ Map → 5-★4

레트로한 감성에 매료되다, 진해권
JINHAE AREA

한국 최초의 근대 계획도시 진해는 벚꽃 명소로 유명할 뿐만 아니라 대한민국 근대 역사를 이해하는 데 큰 역할을 하는 도시이다. 벚꽃이 필 무렵이면 화양연화처럼 아름답지만 이 작은 도시를 구석구석 걷다 보면 군사 도시로서의 애환이 여기저기 묻어 있음을 알 수 있다.

1. History Road

군항마을 근대역사의 흔적

진해는 1910년 일제강점기에 형성된 최초의 근대 계획도시이다. 당시 세워진 건축물이 지금도 도심 곳곳에 우체국으로, 식당으로, 인쇄소로 활용되며 역사의 흔적으로 남아 있다. 군항마을역사관을 시작으로 근대 역사의 기록을 따라가 보자.

진해구

군항마을역사관

군항도시와 벚꽃명소로 알려진 진해는 근대 역사의 흔적이 고스란히 남아 있는 도시이다. 이러한 역사를 설명하고 있는 군항마을역사관 또한 근대 건축물 중 하나이다. 벽면에 1910년대 진해 거리가 흑백사진으로 남아 있어 당시 계획도시 진해의 풍경을 짐작케 한다. 2층 작은 건물에 믿기지 않을 정도의 기록물들이 전시되어 있어 근대사의 이해를 돕는 역할을 하고 있다.

전시되어있는 흑백사진이 가득한 공간

INFO
Ⓐ 창원시 진해구 편백로 25-1　Ⓜ Map → 4-★5

> **Plus. 진해역**
>
> 진해선은 1926년 일제강점기에 개통된 철도 노선이다. 해병대 전용선으로 개통되었으나 2015년 여객 취급이 중지되었다. 진해역은 2002년 역사를 개·보수하고 지금의 모습에 이른다. 지붕창이 있는 유럽풍 역사는 등록문화재로 등록되어 있다. 한때 진해군항제의 여객 운송을 담당하였으나 지금은 화물운송역으로 활용되고 있다.

진해구

진해군항역사길

1910년대부터 일제강점기에 지어진 건축물이 아직도 남아 진해군항역사길을 이룬다. 북원로터리 이순신장군동상에서부터 시작되는 이 길은 군항마을 테마거리를 지나 중원광장 주변의 문화공간 흑백, 군항마을역사관, 수양회관, 원해루를 거쳐 진해우체국에서 일본장옥거리까지 이어지는 진해에 남아 있는 근대 건축물을 둘러보는 코스이다. 소실되어 남아 있는 수가 많지 않고 낡은 모습이지만 역사적으로 가치가 크다.

INFO
ⓐ 창원시 진해구 일대 ⓜ Map → 4-★5

진해구

중원광장

진해역에서 정면으로 걷다 보면 중원광장에 다다른다. 중원광장은 1910년대 일본이 군항도시를 건설하기 위해 당시 거주하던 한국인을 경화동으로 이주시키고 그 자리에 조성한 광장이다. 광장을 중심으로 형성된 8개의 길은 유일하게 남아 있는 근대 초기에 설계된 방사형 가로 구조이다. 진해에는 중원광장을 중심으로 북쪽에는 북원로터리, 남쪽에는 남원로터리가 위치하고 있다. 북원로터리에 우리나라 최초의 이순신동상이 세워져 있다.

INFO
ⓐ 창원시 진해구 벚꽃로 33 ⓜ Map → 4-★3

진해구

군항마을 테마공원

군항마을역사관의 근접한 거리에 군항마을 테마공원이 자리하고 있다. 이 테마공원에는 진해 근대 역사와 관련된 조형물과 역사 기록 사진을 설치하여 군항마을의 역사를 알리고 있다. 특히 군항마을은 주민이 자발적으로 참여하여 기록물을 보존, 관리하고 있는데 이런 마을을 국가기록원은 '기록사랑마을'로 지정하여 기록 문화의 저변 확산을 도모하고 있다.

INFO
ⓐ 창원시 진해구 창선동 진해군항마을 ⓜ Map → 4-★5

2. Cultural Experience

역사 문화 체험

진해는 원래 웅천(熊川)이라는 지명을 가지고 있었다. 옛 지명이 뜻하는 바는 군주가 다스렸던 지역, 신성한 지역이라는 의미를 가지고 있으며 옛 지명을 통해 진해가 남해안의 요충지였음을 짐작할 수 있다. 왜구의 침략으로부터 지역을 지키기 위해 지어진 웅천읍성, 가마터의 흔적이 남아 있는 웅천도요지전시관 등에서 역사와 문화의 다양한 체험이 가능하다.

진해구

웅천읍성

웅천읍성은 조선 전기, 왜구의 침입을 막기 위해 축성한 성이다. 웅천읍성에는 총 4개의 문이 있었으나 현재 동문 터와 서벽과 남벽의 일부만 남아 있고 북벽은 흔적도 없이 사라졌다. 언뜻 보기에 규모가 작아 보이지만 동국여지승람에 의하면 '석축의 둘레가 3,515척, 높이는 15척, 성 안에 우물이 2개 있었다'고 쓰여 있다. 성벽 밖으로 도랑을 파고 물을 채워 적의 침입을 더욱 어렵게 하기 위한 지혜를 살린 해자(垓子)의 흔적도 고스란히 남아 있다. 웅천읍성은 경상남도 기념물 제15호로 지정되어 있다.

INFO
ⓐ 창원시 진해구 성내동 325-12 ⓜ Map → 4-★15

> **Plus. 진해웅천도요지전시관**
>
> 웅천도요지전시관은 조선 전기 분청사기를 주로 다루었던 웅천도요지의 가마터를 기념하기 위해 지어진 전시관이다. 문화재 발굴조사에 의해 총 6기의 가마가 발굴되었으며 그중 4기 가마터가 그나마 보존 상태가 양호하여 옛 가마터의 구조를 알 수 있으며 그 외에는 훼손이 심히 그저 가마터의 위치만 숫자로 표기하여 보존되고 있다. 불을 지폈을 때 열기가 위로 올라 가마 끝까지 갈 수 있게 한 오름가마 형태를 정확히 보여주고 있다. 전시관에서 조선 전기의 도자기술에 대해 설명하고 직접 체험이 가능한 프로그램도 진행되고 있다.
>
> ⓐ 창원시 진해구 진해대로 1137번길 89
> ⓣ 055-543-433

3.
HEALING EXPERIENCE

자연속 힐링 체험

진해의 아름다운 대자연과 함께 힐링하고 체험하며 다이나믹한 어트랙션까지 즐길 수 있는 명소들을 모아보았다.

`성산구`

안민고개

창원에서 진해로 넘어오는 유일한 길이었던 안민고개는 나무 숲이 아름다운 고갯길이다. 지금은 안민터널이 생겨 편리해졌지만 창원을 여행한다면 드라이브 코스로 추천한다. 벚꽃 시즌이면 꽃구경을 나온 차량들로 인해 고갯길에 정체가 일어날 정도로 풍광이 아름답다.

~INFO~

Ⓐ 창원특례시 성산구 안민동
Ⓜ Map → 3-C18

`진해구`

음지도 진해해양공원

음지도는 육지와 0.5km 떨어져 음지교로 이어지는 삼각형 모양의 섬이다. 섬 전체가 포토존이라고 할만큼 아기자기한 포토존이 가득하고 산책로가 잘 다듬어져 있어 절경의 바다뷰를 감상하며 섬을 둘러볼 수 있다. 음지도와 근처 소쿠리섬을 연결하는 짚트랙이 설치되어 있어 다이나믹한 어트랙션을 즐길 수 있다. 섬의 좌에서 우로 산책하는 것을 추천하며 전망대가 위치한 창원솔라타워, 어류생태학습관, 해양생물테마파크 등의 체험 공간과 만나게 된다. 중간에 우도보도교를 통해 우도로 건너갈 수 있다.

Plus. 우도

힐링의 섬 우도는 음지도와 보도교로 연결되어 있다. 보도교에서 낚시하는 사람들을 흔히 볼 수 있을 정도로 어종이 풍부하다. 섬에 들어서자마자 주민들이 갓잡은 신선한 해산물을 판매하는 활기찬 모습을 볼 수 있다. 민박집이나 슈퍼, 횟집도 많고 산책로도 음지도 못지 않게 풍광이 좋으니 음지도와 우도는 꼭 함께 둘러보길 권한다.

~INFO~

Ⓐ 창원시 진해구 명동
Ⓜ Map → 4-★16

진해구

진해보타닉뮤지엄

경남 최초의 사립수목원으로 진해드림파크 진해만생태숲과도 이어진다. 뒤로는 천자봉이, 앞으로는 진해 바다가 펼쳐지는 절경을 자랑한다. 오너는 식물과 조경을 사람들과 공유하는 마음으로 진해보타닉뮤지엄의 문을 열었다고 소개하고 있다. 약 2,500종에 달하는 식물들이 계절에 따라 개화 시기가 다른 것을 감안하여 조경하였고 사계절 아름다운 풍경을 감상할 수 있도록 하였다.

INFO
Ⓐ 창원시 진해구 진해대로 1137번길 89
Ⓣ 055-543-4337　Ⓟ 성인 6,000원 (아메리카노 1잔 제공)　Ⓤ www.jinhaebotanicmuseum.co.kr
Ⓜ Map → 4-★13

진해구

창원 편백 치유의 숲

진해구 장복산에 위치한 창원 편백 치유의 숲은 30~40년생의 편백나무를 이용하여 건강증진을 도모할 수 있도록 조성된 숲이다. 58ha에 이르는 숲에 다스림길, 해드림길, 어울림길, 더드림길의 4개의 치유숲길이 조성되어 있다. 그 외에도 치유센터, 치유숲길, 명상장 등이 운영되고 이곳에서 장복산 드림로드로도 이어진다.

INFO
Ⓐ 창원시 진해구 장복산길 47　Ⓣ 055-225-4241　Ⓗ 09:00-18:00, 월요일 휴무
Ⓟ 성인 10,000원, 청소년 8,000원　Ⓜ Map → 4-★1

진해드림파크

무려 195ha에 이르는 드넓은 산림에 진해만생태숲, 목재문화체험장, 광석골쉼터, 청소년수련원으로 이루어진 창원시에서 운영하고 있는 산림휴양시설이다. 2009년 처음 문을 열었으나 새로이 재정비하여 2020년 지금의 모습으로 재탄생하였다.

INFO
Ⓐ 창원시 진해구 장천동 산1-2　Ⓣ 055-548-2694
Ⓗ 09:00-17:00, 월요일 휴무　Ⓜ Map → 4-★12

Tip.
자가용으로 진해드림파크를 찾을 때에는 '목재문화체험장', 혹은 '진해만생태숲'과 같이 방문하고자 하는 세부 시설명을 네비게이션에 입력하고 방문하길 바란다.
규모가 너무 커 진해드림파크를 목적지로 설정했다가는 엉뚱한 곳에 도착하여 오랜 시간 걷거나, 헤매거나, 의도치 않게 시간과 체력을 소비할 수 있다.

목재문화체험장

목재문화체험장은 나무의 모든 것을 체험하고 만질 수 있는 공간으로 실제로 망치나 공구를 가지고 목재를 체험해 볼 수 있는 프로그램을 예약제로 운영하고 있다. 먼저 주차장에 도착하면 물의 정원이라 불리는 아름다운 풍호소류지가 눈에 들어온다. 연꽃길이라 불리는 데크로드가 설치되어 있어 편하게 이동이 가능하다.

Ⓐ 창원시 진해구 천자로 507
Ⓜ Map → 4-★12

진해만생태숲

진해드림파크의 가장 넓은 부분을 차지하는 진해만생태숲은 126ha에 이르는 광대한 숲에 다양한 자연생태계의 동식물을 체험할 수 있는 생태체험공간이다. 희귀식물을 관찰할 수 있는 식물관과 11개의 테마숲, 수목원, 상징숲에서 약 7만종의 난대림 식물을 관찰할 수 있다. 진해만생태숲 유리온실 옆에 주차장이 위치하고 있다.

Ⓐ 창원시 진해구 진해대로1137번길 97
Ⓜ Map → 4-★12

01
CAFE HOPPING : 도심 속 카페 호핑

02
VINTAGE HANOK CAFE : 빈티지 한옥 카페

03
REBIRTH OF SPACE : 공간의 재탄생

04
WITH A VIEW CAFE : 풍경 한 모금

05
EMOTIONS OF JINHAE : 진해의 감성을 담아

06
[SPECILAL] 창원 명인의 빵집

07
[SPECILAL] 노포 베이커리 양대산맥

08
[SPECILAL] 마산의 추천 맛동네, 가포 덕동

09
CHANGWON: LOCAL RECOMMENDATION
: 창원권 로컬 추천 맛집

10
MASAN: LOCAL RECOMMENDATION
: 마산권 로컬 추천 맛집

11
JINHAE: LOCAL RECOMMENDATION
: 진해권 로컬 추천 맛집

12
NIGHT LIFE : 나이트라이프

EAT UP

젊은 입맛을 자극하는 트렌디한 가로수길 맛집, 바다 뷰가 아름다운 마산의 해안도로 카페, 고즈넉한 멋스러움이 가득한 진해의 힙트로 카페 등 창원의 미각을 고스란히 전달해줄 맛집을 모아보았다.

CAFE HOPPING
도심 속 카페 호핑

1. GAROSU-GIL 가로수길

가로수길에는 많은 카페가 몰려 있고 제각각의 주제를 가지고 있다. 사람들은 커피를 좋아하기도 하지만 공간을 만든 사람의 취향을 즐기고 또다른 누군가와 공유하는 것을 즐긴다. 메모장에 남겨둔 에디터의 사심을 담은 리스트를 공유해 볼까 한다.

 테트라

2층 커다란 창으로 내려다보는 가로수길의 풍경이 아름다운 카페 테트라. 단아한 건물 외관과 입구에 들여놓은 야리야리한 유칼립투스 화분이 걸음을 멈추게 한다. 건물 뒤로 나 있는 테트라의 현관 마당에는 캠핑장을 연상시키는 소품들로 멋스러움이 배가 되었다. 전체적으로 옅은 크림색 베이지 톤과 벽과 초록식물, 우드 소재의 소품들이 단백한 조화를 이룬다. 공간마다각의 다른 콘셉트으로 꾸며져 있어 지루할 틈이 없고 창을 통해 다채로운 가로수길의 풍경을 감상할 수 있는 곳이다.

INFO
ⓐ 창원시 성산구 외동반림로248번길 17-1　ⓗ 11:30-22:30
@tetra.cafe

2 1997영국집

일단 분위기가 한몫한다. 유럽의 가정집을 연상시키는 외관과 들어서자마자 2층으로 이어지는 계단, 높은 층고를 자랑하는 내부 분위기에 압도된다. 운이 좋다면 빈 창가 자리에 앉아 가로수길의 풍경과 공원에서 여유로운 시간을 즐기는 사람들의 풍경까지 덤으로 가질 수 있다. 지하에 베이커리가 위치하고 있어 다양한 빵을 먹어보고 싶다면 지하층에서 구매할 수 있다. 2층에는 독특한 가구와 소품 컬렉션을 감상할 수 있는 공간이 있다.

> **INFO**
> Ⓐ 창원시 성산구 외동반림로248번길 25
> Ⓣ 055-286-1997 Ⓟ 아메리카노 5,000원
> Ⓘ @1997.roasters Map → 3-C17

3 무음

미술관을 연상케하는 실내 분위기가 압도적인 무음은 커피가 짙고 창 뷰가 멋진 가로수길 카페이다. 주택을 개조한 듯 보이는 평범한 외관과는 달리 내부는 시크하고 모던하다. 무음(茂蔭), '우거진 나무의 짙은 그늘'이라는 의미를 가지고 있어서인지 분위기에서 짙은 아늑함이 느껴진다. 커피를 마시며 군데군데 놓인 오브제를 감상할 수 있고 사각 창 너머 가로수길의 풍성한 나무들을 감상할 수 있다. 묵직한 커피와 환상 콤비인 달콤한 크림이 올려진 크림라떼를 추천한다. 크로플도 인기 메뉴.

4 보타미

초록이 가득한 싱그러운 식물 인테리어 카페이다. 가든 디자이너가 직접 운영하고 있으며 가드닝 클래스도 2층의 별도 스튜디오에서 열리고 있다. 1층에는 다양한 식물을 감상할 수 있는 야외 테라스 석이 있으며 지하에 가드닝 도구와 식물이 가득한 내부 공간이 있다. 직접 담은 청 종류의 음료가 인기 있으며 대표 메뉴는 실타래 빙수. 양이 많아 2~3명이라면 추천한다. 최근 직접 구워내는 보타니 큐브를 디저트로 선보이기 시작했다. 무엇보다 식물로 인해 힐링 되는 카페이다.

> **INFO**
> Ⓐ 창원시 성산구 외동반림로270-1 Ⓣ 055-261-9746 Ⓗ 11:30-22:00, 월요일 휴무
> Ⓤ blog.naver.com/votami Ⓟ 청포도에이드 6,500원 Map → 3-C10

> **INFO**
> Ⓐ 창원시 성산구 용지로239번길 30
> Ⓗ 10:00-21:30 Ⓣ 055-275-1987

CAFE HOPPING : 도심 속 카페 호핑

5 브레드웜

브레드 웜은 베이커리가 메인인 카페이다. 이곳의 밤식빵이 특히 유명하고 소금빵, 결이 살아 있는 퀴니아망은 퀄리티가 예사롭지 않다. 나오는 시간이 정해져 있는 밤식빵은 미리 예약해 놓는 손님이 많고 빵나오는 시간에 맞춰 사람들이 몰려들어 눈에 보이더라도 손에 넣지 못하는 경우도 많다. 깊고 부드러운 생크림케이크를 찾는 사람들에게 브레드웜의 통딸기케이크는 다른 곳을 선택할 여지를 주지 않는다. 김해 진영에 본점이 있고 엄선된 재료만 사용하여 자연발효시킨 안심하고 먹을 수 있는 빵을 만들고 있다.

INFO
Ⓐ 창원시 성산구 용지로245번길 16-1   Ⓣ 055-262-7957   Ⓗ 10:00-21:00
Ⓟ 밤식빵 6,800원 (나오는 시간 11시 전후, 2시 전후, 주말에만 3시 추가)   Ⓜ Map → 3-D1

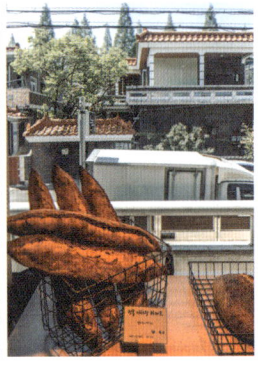

7 밀집

자갈 마당에 시원스럽게 펼쳐진 야외 테라스와 붉은색 벽돌이 인상적인 이곳은 가로수길을 지나가다 한 번쯤은 고개를 돌리게 되는 베이커리 맛집, 밀집이다. 널찍한 야외 테라스 바로 앞에서 가로수길을 만끽할 수 있고, 특히 2층으로 오르는 계단 끝, 정면에 초록이 가득한 창이 놓여있다. 1층 진열장에 다양한 종류의 도넛, 스콘이 갓 구워진 듯 고소한 향기를 품어내고 있다. 가장 인기 있는 메뉴는 소금빵. 보기만 해도 먹음직스러운 달콤한 빵과 고소한 커피로 최고의 식후 디저트를 즐길 수 있는 곳이다.

INFO
Ⓐ 창원시 성산구 용지로239번길 30   Ⓗ 10:00-21:30   Ⓣ 055-275-1987

6 F1.8 에프일점팔

사진과 커피라는 어울리는 듀오의 만남이다. 사진을 직접 찍는 오너는 이곳에서 사진전을 개최하고 사진 강의를 하고 사진현상을 체험할 수 있는 공간을 마련해 사람들이 사진과 쉽게 가까워지는 특색있는 공간을 마련했다. 밖에서 보는 것 보다 내부에, 특히 안으로 들어갈수록 흥미있는 공간들이 마련되어 있으니 사진을 좋아하거나, 커피를 좋아하거나, 혹은 그렇지 않더라도 당신의 호기심을 믿는다면 문을 열고 들어가 보길 바란다. F1.8은 카메라 렌즈의 밝기를 나타낸다.

INFO
Ⓐ 창원시 성산구 외동반림로 256   Ⓣ 010-5880-2511   Ⓗ 11:00-22:00
Ⓟ 수제딸기라떼 6,000원   Ⓜ Map → 3-C13

8 와비

와비는 일본 찻집 분위기를 내는 독특한 카페이다. 가로수길의 여느 카페들은 트렌디함을 가지고 왔다면 와비는 특색을 선택했다. 일본차에서부터 한국 전통차까지 티의 라인업이 다양하다. 홀 중앙 모래 위에서 나무가 자라고 있다. 좌식으로 꾸며진 내부는 여닫이문으로 여러 칸이 나누어져 있고 전체적으로 일본식 다다미방 분위기로 꾸며져 있다. 카페 한편에 자리한 롤케이크가 특히 눈길을 끈다.

INFO
Ⓐ 창원시 성산구 창이대로 460번길 19 2층   Ⓣ 055-716-8820   Ⓗ 12:00-22:00, 월요일 휴무   Ⓟ 오미자화채 6,500원   Ⓜ Map → 3-C14

2. DOGEDONG 도계동

⑨ 뮤트커피

싱그러운 테라스 정원과 다양한 브런치 메뉴를 자랑하는 뮤트커피. 정말 중요한 팁하나 먼저 전하자면 주차장이 있는 뒷문이 아닌 정문으로 들어가길 바란다. 정문이 포토존이다. 상당한 규모의 내부는 테이블마다 특색이 있고 특히 창가 자리는 언제나 인기가 높다. 커피가 맛있는 것은 말할 필요도 없고 샌드위치, 스콘, 에그타르트 등 디저트류도 막강하다. 다양한 허브 식물들이 카페에 싱그러움을 더한다. 평일 한적한 시간에 오랫동안 머물고 싶은 카페이다.

INFO
Ⓐ 창원시 의창구 도계로4번길36 Ⓣ 055-277-0111 Ⓗ 10:00-22:00
Ⓟ 바닐라라떼 5,000원 Ⓘ @mute_coffee Ⓜ Map → 2-C4

⑪ 위아워어스 로스터리

도계동 골목의 주변 분위기와는 사뭇 다른, 하얀 벽과 창이 이쁜 위아워어스 로스터리는 커피와 다양한 스콘을 맛볼 수 있는 곳이다. 군더더기 없는 내부 분위기는 우드와 화이트 벽이 어우러져 유럽의 시골마을 부엌을 연상케한다. 이곳의 시크니처는 쫀득하고 부드러운 아이스크림이 올려진 라떼. 비주얼 최강이다. 여름이 올 때마다 생각날 맛이다. 콘치즈 스콘, 에그 스콘 등 갓구워 내놓는 스콘도 종류가 다양하다. 모든 커피 음료는 디카페인으로 교체 가능.

INFO
Ⓐ 창원시 의창구 원이대로69번길 1 Ⓣ 055-264-2683 Ⓗ 12:00-22:00, 화요일 휴무
Ⓟ 아워시그니쳐(아이스크림 라떼) 5,800 Ⓘ @weourus_wou Ⓜ Map → 2-C5

3. JINHAE-GU 진해구

⑩ 포레스트502

이름 그대로 숲속에 위치한 그림 같은 카페이다. 들어서는 순간 푹신한 소파와 원목 테이블에 나무의자, 창에 드리워진 레이스 커튼에 마음이 홀라당 사로잡혀 버린 카페이다. 층고가 높아 개방감 있는 실내에는 테이블도 여유롭게 자리하고 있다. 창 너머로 들어오는 시원한 숲과 정원의 햇살이 눈이 부시도록 아름답다. 2층에는 좀 더 한적하게 시간을 보낼 수 있다. 1층 정원 밖으로 나서면 나지막한 동산을 오르는 산책로를 즐길 수 있다. 힐링과 햇살이 필요할 때 찾으면 좋을 카페. 이곳 브런치가 실속있다.

INFO
Ⓐ 창원시 진해구 안청로 93 Ⓣ 010-3738-0017 Ⓗ 10:30-23:00
Ⓟ 비프에그플랜트 샐러드 12,000원 Ⓜ Map → 4-C9

VINTAGE HANOK CAFE
빈티지 한옥 카페

산, 혹은 바다, 그리고 조용한 동네 풍경과도 잘 어울리는 매력넘치는 한옥 카페를 소개하고자 한다. 비슷하지만 다른, 각각의 독특한 분위기를 가지고 있다는 점도 즐감 포인트. 분위기 못지 않게 커피 맛도 손색이 없다.

1 홍연고택

인적이 드문 마을 내서 산자락 아래에 홍연고택이 위치하고 있다. 적막하다 싶을 만큼 조용한 마을에 이런 카페가 있음에 즐거움과 놀라움을 금치 못하며 카운터 공간으로 들어서자 눈앞에 펼쳐지는 풍경에 감탄사가 터진다. 한국적인 빈티지함의 전형, 시와 공을 초월한 느낌이다. 많은 부분 리모델링한 듯 보이지만 구획을 무너뜨리지는 않고 공간마다 다른 분위기를 연출하고 있다. 꼬닉밤조림, 호두강정, 대추눈꽃빙수 등 특이한 메뉴들과 모스카토와 맥주가 있는 것도 반갑다. 늦은 오후 처마 끝 조명이 붉을 밝히니 고택의 분위기가 한층 고조된다. 천장이 낮아 소리가 울린다고 하니 에티켓을 지키며 고택을 즐기자.

INFO
Ⓐ 창원시 마산회원구 내서읍 안계길8　Ⓣ 0507-1479-0911　Ⓗ 11:00-22:30, 화요일 휴무　Ⓘ @hongyeongotaek　Ⓜ Map → 5-C1

2 고유커피

입구부터 포토존이 시작되는 고유커피는 커피가 맛있는 로스터리 카페이다. 윤곽이 뚜렷하게 드러나는 한옥 처마 아래 통으로 낸 창으로 숲이 한 가득 들어오는 카페이다. 대표 메뉴는 지역의 이름을 따서 만든 신감리라떼. 스윗한 시나몬 크림과 에스프레소가 만나 달콤하면서도 고소하다. 직접 만든 아이스크림과 에스프레소가 만난 아이스크림 라떼도 추천한다. 울창한 숲으로 둘러싸인 한옥 카페지만 공간마다 다른 소재, 다른 색감의 소품을 사용하여 각각의 색다른 분위기를 자아낸다. 직접 로스팅한 원두와 드립백을 판매하고 있다. 잘 가꿔진 한옥 정원에도 포토존이 가득하고 어둠이 내리면 포토존이 너북 믲늘 말위한나.

INFO
Ⓐ 창원시 마산회원구 내서읍 신감길 13-14　Ⓣ 055-231-6530　Ⓗ 11:00-22:00
Ⓟ 신감리라떼 6,000원, 아이스크림라떼 5,000원　Ⓘ @jaehee212　Ⓜ Map → 5-C2

VINTAGE HANOK CAFE

③ 백령카페

오로지 바다와 고즈넉한 한옥만이 존재하는 곳, 그곳 한옥에 백령카페가 있다. 운치있는 2층 한옥 건물 전체가 카페로 꾸며진 백령카페는 나무 향이 가득하다. 바다로 창을 낸 방에 앉으니 한옥의 아늑함이 짙게 느껴진다. 전통 창호와 자개로 마감된 테이블이 한옥에 운치를 더한다. 창문 너머로는 막힘없이 탁트인 바다가 펼쳐지고 마당 뒤로는 산이 카페를 감싸고 있다. 자연을 만끽하기에 더없이 좋은 장소이다.

> INFO
> Ⓐ 창원시 마산합포구 구산면 안녕로 425-16 Ⓣ 055-2221-0300 Ⓗ 월-금 11:00-19:30 주말 10:30-21:00, 매달 1,3주째 월요일 휴무 Ⓟ 꿀떡 3,000원 , 서울의 달 그레이(TEA) 6,000 Ⓜ Map → 6-C11

④ 오우가(五友歌)

도심 속 의외의 장소에서 한옥 정원의 풍경을 감상하면서 잘 구워낸 달콤한 베이커리와 아이디어가 돋보이는 음료들로 쉬어갈 수 있는 카페이다. 윤선도의 시조 오우가(五友歌)가 모티브가 되어 물, 돌, 소나무, 대나무, 달의 다섯 가지 자연을 인테리어와 메뉴에 적용시켰다. 시그니처 메뉴인 '송(松)'은 솔방울 모양의 얼음을 사용한 플랫화이트이다. 옥상으로 오르면 1층과는 완전히 다른 발랄한 분위기의 젊은 감성을 살린 공간이 펼쳐진다. 어둑해지면 고즈넉한 카페에 조명이 켜지고 또 다른 분위기를 자아낸다.

> INFO
> Ⓐ 창원시 의창구 의안로17번길 12 Ⓣ 055-298-5501 Ⓗ 11:00-22:00 Ⓟ 플랫화이트 '송' 6,000원 Ⓘ @__ouga__ Ⓜ Map → 2-C2

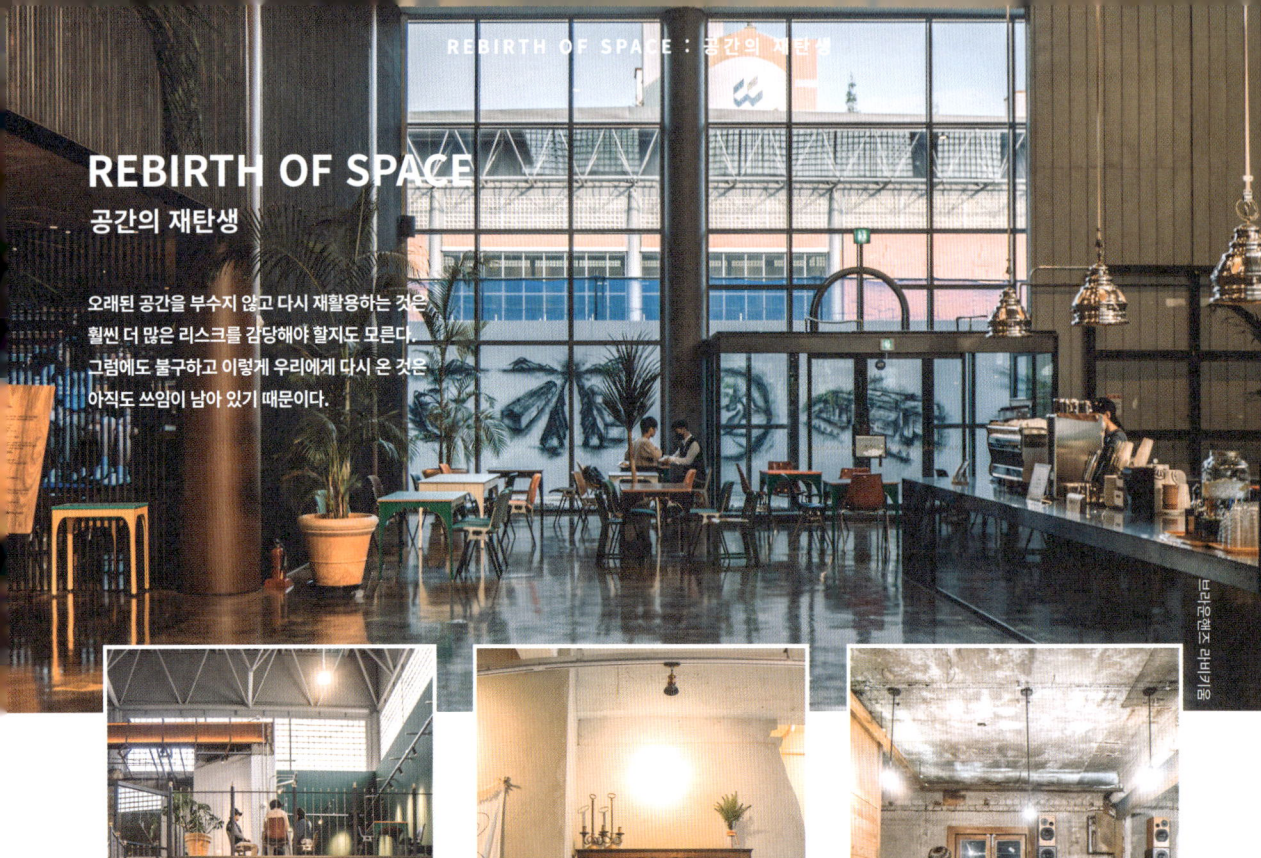

REBIRTH OF SPACE
공간의 재탄생

오래된 공간을 부수지 않고 다시 재활용하는 것은 훨씬 더 많은 리스크를 감당해야 할지도 모른다. 그럼에도 불구하고 이렇게 우리에게 다시 온 것은 아직도 쓰임이 남아 있기 때문이다.

1 브라운핸즈 라키비움

브라운핸즈는 주물을 기반으로 다양한 라이프스타일을 제안하는 디자인 전문 회사이다. 오래된 공간의 재탄생이라는 주제를 가지고 전국으로 확대해 나가고 있다. 창원에서는 성산구 대원동에 체육관이었던 공간을 문화복합공간으로 재탄생시켰다. 많은 부분을 그대로 활용하고 있는 내부에는 서점과 매킨토시의 역사를 보여주는 스티브 잡스 뮤지엄 공간이 카페와 함께한다. 외부에는 이곳이 체육시설이었음을 알려주는 넓은 운동장이 내려다보이고 테라스 석도 마련되어 있다.

INFO
창원시 성산구 중앙내로 520 T 055-277-0621 H 10:00-22:00 P 아메리카노 5,300원 Map → 3-C9

2 오운드 커피

오렌지색 대문이 인상적인 오운드 커피는 옛 병원 건물을 리노베이션 하였다. 오너는 이 건물에 첫눈에 반했다고 한다. 기존의 공간을 살리되 신선한 감각을 주입하고 주변과도 동떨어지지 않는 것에 중점을 두었다. 덕분에 구도심 골목과도 잘 어우러진다. 공간의 재활용이라는 주제는 단순히 그 건물만을 재활용하는 것이 아니라 주변과 얼마만큼 잘 어우러지고 있는지가 중요하다는 것을 보여준다. 마지막으로, 커피가 맛있다.

INFO
창원시 마산합포구 동서북9길 30-1 T 055-241-7101 H 12:00-21:00, 월요일 휴무 P 모든 라테 5,300원 @owund_coffee Map → 6-C1

3 노타이틀

마산의 핫플 합성동 골목에 '커피집'이라는 간판이 보인다. 힙한 카페 노타이틀이다. 골목 안쪽에 위치한 주택을 개조한 곳이다. 공간을 세심하게 배려한 흔적이 느껴진다. 대문으로 들어오면 작은 마당을 사이에 두고 두 동의 작은 건물이 있는데 하나는 아주 힙하게 완전히 개조하였고 다른 하나는 삶의 흔적이 그대로 남아 있는 주택의 그대로의 모습이다. 전혀 상반되는 두 가지 콘셉트의 공간을 즐길 수 있는 카페이다.

INFO
창원시 마산회원구 합성남5길 24 H 12:00-22:00 P 라떼 4,500원 @notitle_coffee Map → 5-C3

4. 브라운핸즈 마산

디자인 전문 회사인 a브라운핸즈가 전국으로 확대해 가고 있는 프로젝트 중 하나인 브라운핸즈 마산은 가포항 근처에 있던 쓰임을 다한 버스차고지를 빈티지 카페로 재탄생시켰다. 외관은 그대로 살리고 내부도 크게 부수지 않는 선에서 리노베이션 하였다. 바다와 돝섬 풍경이 내려다보이는 곳에 위치하고 있는데, 이런 곳에 버스차고지가 있었다는 것이 감성으로 다가온다. 건물 벽에 '안전제일'이라는 글자가 그대로 남아있다.

INFO
Ⓐ 창원시 마산합포구 가포순환로 109 Ⓗ 10:00-23:00 Ⓟ 바닐라 카페라떼 6,800원 Ⓘ @brownhands_masan Ⓜ Map → 6-C4

5. 금성여인숙카페

주택과 상점의 구별이 없는 오래된 골목 안쪽에 창을 크게 낸 금성여인숙 카페가 있다. 테이크아웃 전문점인가 하는 생각이 들겠지만 좁은 골목 안쪽에서 제대로된 레트로 감성으로 꾸며진 카페 내부가 나타난다. 강렬한 꽃무늬 벽지, 할머니 집에서 보았던 자개장농, 아련함이 더해지는 어울리지 않을 정도로 크고 화려한 샹들리에까지. 수제인삼라떼, 수제곡물라떼 등 메뉴도 레트로하지만 맛 하나만큼은 어디에도 뒤지지 않는다.

INFO
Ⓐ 창원시 의창구 의안로17번길 9-2 Ⓣ 055-298-5503 Ⓗ 11:00-21:00, 월요일 휴무 Ⓟ 수제인삼라떼 7,000원 Ⓘ @goldstar_inn Ⓜ Map → 2-C3

6. 빌라201호

문을 여는 순간 다른 세상으로 들어선 듯, 제대로 취향 저격당한 식당이다. 창원에서 단 한 곳에서만 식사를 할 수 있다면 권하고 싶다. 우선 식당이 있을 법한 곳이 아니다. 타이틀 그대로 빌라 201호에 위치하고 있다(특이사항 : 동네 주민 할아버지와 엘리베이터에 동승할 수 있다). 덮밥이 주류이며 소담스러운 한상차림으로 정갈하게 내어준다. 주인장의 건강한 레시피에 의해 신선한 재료로 만들어진다. 따뜻한 패브릭 소품들을 함께 감상할 수 있어 식사하는 내내 집밥 먹듯이 편안하게 식사할 수 있다. 모든 음식 테이크아웃 가능하다. 알리고 싶지만 나만 알고 싶은 곳. 재방문 의사 오만 개.

INFO
Ⓐ 창원시 의창구 도계두리길 30 리코빌라 201호 Ⓣ 055-238-7249 Ⓗ 12:00-20:00 (15:00-17:00 브레이크 타임), 일요일, 월요일 정기휴무 / 전화예약 후 방문추천 Ⓜ Map → 2-R1

WITH A VIEW CAFE
풍경 한 모금

산이 많고 해안선을 따라 드라이브 코스도 많은 창원은 더불어 뷰를 즐길 수 있는 카페도 많다. 지금도 그 수가 점점 늘어나고 있으며 개성도 넘친다. 풍경을 품고 있는 카페를 모아 보았다.

1. 호끼린커피 로스터스

고즈넉한 바닷가 마을 진해 안골동에 위치한 호끼린커피 로스터스는 독특한 캐릭터로 기억될 카페이다. 호끼린은 호랑이와 코끼리, 기린이 합쳐진 상상에 의해 탄생한 동물이다. 각각의 개성이 합쳐 유연한 새로운 것이 탄생되듯이 로스터, 베이커, 셰프의 각각의 역할을 담당하는 사람들이 모여 창조적인 공간을 재탄생시켰다. 이러한 방식이 바탕이 된 제품을 제작하고 판매하기도 한다. 호끼린커피 로스터스의 건물은 안골의 상징이 될 듯하다. 이곳 창에서 바라보는 바다 노을이 특히 아름답다. 부산신항과 가깝다.

INFO
- ⓐ 창원시 진해구 청안로 251 ⓣ 055-715-9532 ⓗ 10:00-22:00 ⓦ www.hokkirin.com ⓟ
- 숏라떼 5,000원 Ⓜ Map → 4-C10

② 커피산

마산의 산복도로에 위치한 카페 커피산은 통창으로 보이는 뷰가 아름다운 카페이다. 탁 트인 공간에 커다란 통창 너머로 마산 도심과 바다가 함께 보인다. 옆으로 눈을 돌리면 울창한 나무가 보이는 다양한 풍경을 즐길 수 있는 곳이다. 시그니처는 콜드브루 위에 달콤한 생크림과 히말라야 소금이 뿌려져 단짠을 즐길 수 있는 히말라야 크림. 주차시설이 잘 되어 있고, 1층에서 5층까지 좌석이 있어 여유롭게 시간을 보낼 수 있다.

INFO
Ⓐ 창원시 마산합포구 무학로220 Ⓣ 055-241-1588 Ⓗ 11:00-23:00
Ⓟ 히말라야 크림 6,500원 Ⓜ Map → 2-R4

③ 어센드 커피

오르막을 올라야 만날 수 있는 카페, 이름 그대로 어센드(ASCEND) 커피이다. 좁고 긴 건물 형태를 따라 실내도 좁고 길지만 특이할 점은 층고가 높고 좌석이 마루로 된 경사진 계단이라는 점이다. 이 계단에 앉아 마주보이는 창을 통해 바다와 산이 어우러진 풍경이 보인다. 높은 층고 때문인지 좁게 느껴지지 않고 큰 창을 통해 들어오는 빛이 자연 조명 역할을 하고 있다. 이곳에서는 공간을 즐겨보길 권한다.

DATA
Ⓐ 창원시 마산합포구 문화서15길 24 Ⓣ 010-2222-9984
Ⓟ 플랫화이트 크림 6,500원 Ⓘ @ascend_coffee Ⓜ Map → 6-C2

④ 카페 웨이브

카페로 들어서자 마자 보이는 삼각 통창은 이 창 하나만으로도 만족할 만한 풍경이다. 인스타에도 자주 등장하는 이 창 너머로 보이는 바다 풍경은 특히 더 고요하게 느껴진다. 사진에 담으면 그 진면목은 더욱 발휘된다. 민트와의 조합으로 색감이 이쁜 웨이브라떼가 대표 메뉴. 바스크 치즈도 인기다. 앞 마당에는 테라스 석이 자리하고 있고 반려동물을 동반할 수 있다. 노을 질 무렵 풍경이 아름답다.

DATA
Ⓐ 창원시 마산합포구 구산면 해양관광로 1243-39
Ⓣ 0507-1398-2034 Ⓗ 11:00-20:00, 화요일 휴무
Ⓟ 웨이브라떼 6,000원 Ⓘ @cafe_wave_1243_39
Ⓜ Map → 6-C7

5 시티베이

시티베이는 마산항제3부두 근처 봉암공단에 위치하고 있는 현재 창원에서 규모가 제일 큰 카페이다. 1층은 전체 주차장으로 되어 있으며 2층부터 카페가 시작되고 꼭대기 층인 4층에 루프탑이 있다. 네모진 건물 안 중앙이 뚫려 있는 특이한 구조로 이곳저곳을 둘러보는 재미가 있다. 해안도로에 위치하고 있어 드라이브 코스로 들리기 좋다. 저녁이면 건물 외부에도 전체적으로 조명이 밝혀진다. 치즈케이크, 베이글 등 디저트도 인기다.

INFO
Ⓐ 창원시 마산합포구 무학로220 Ⓣ 055-241-1588
Ⓗ 11:00-23:00 Ⓟ 히말라야 크림 6,500원 Ⓜ Map → 5-C4

6 지중해

카페 지중해는 가포 해변가에 위치한 정원이 아름다운 카페이다. 드넓은 정원에는 야자수가 바다를 향해 있어 지중해라는 이름에 어울리는 휴양지 풍경을 자아낸다. 카페에는 수석전시관과 분재전시관을 함께 운영 중이다. 조용히 정원 산책로를 따라 바다 가까이까지 걸을 수 있고 카페 2층에서는 창 너머로 야자수와 바다가 어우러져 다른 곳에서는 볼 수 없는 아국적인 풍경이 펼쳐진다.

INFO
Ⓐ 창원시 마산합포구 가포로501-201 Ⓣ 055-222-9288
Ⓗ 11:00-22:30 Ⓟ 아메리카노 6,000원

7 카페 섬섬

해양드라마세트장에서 저도로 이어지는 최고의 드라이브 코스 해양관광로에 카페 섬섬이 위치하고 있다. 2층 계단을 올라 카페로 들어서면 우선 건물을 따라 길게 나있는 창으로 바다 풍경이 가득히 들어온다. 편안한 소파가 바다를 향해 배치되어 있어 배려가 돋보인다. 루프탑으로 오르면 더 시원한 공간에서 바다 내음 마시며 풍경을 마주할 수 있다. 바다 건너 장구섬과 징섬이 보인다. 일몰이 아름다운 곳이다.

DATA
Ⓐ 창원시 마산합포구 구산면 장구해안길7 2층 Ⓣ 055-247-0900 Ⓗ 11:00-21:00 @cafe_seomseom Ⓜ Map → 6-C8

8 오핑

오핑은 저도연육교를 건너 저도 입구에 위치한 오션뷰 카페이다. 주변에 대형 카페가 많지만 규모는 작아도 아늑한 분위기가 매력적인 곳이다. 특히 창과 함께 어우러지는 조용한 바다 풍경이 아름답다. 디저트와 함께 즐기기에 좋고 야외 마당에도 좌석이 있어서 콰이강의 다리가 보이는 경치를 즐길 수 있다. 마당의 소나무가 인상적이다.

INFO
Ⓐ 창원시 마산합포구 구산면 해양관광로 1927-46 Ⓣ 0507-1365-2267 Ⓗ 11:00-21:00, 월요일 휴무 Ⓟ 바디앤소울(허브차) 6,000원, 바닐라쿠키슈 3,500원 Ⓘ @5ffing Ⓜ Map → 6-C9

9 카페 루시올레

개똥벌레라는 이름을 가진 숲속 전원주택의 느낌을 살린 카페이다. 1층으로 들어서는 순간 정면에 펼쳐지는 창이 가히 압도적이라 할 만하다. 층고가 높아 흔히 카페에서 느낄 수 없는 웅장함이 느껴진다. 이 통창 하나만으로도 '좋아요'를 누를 것만 같은 곳이다. 북면 무동에 위치하고 있어 중심과는 다소 거리가 있지만 이 분위기는 한번 느껴볼 만하다. 어스름해지면 노을 맛집으로 변신한다. 반려동물의 동반이 가능하다.

INFO
Ⓐ 창원시 의창구 북면 무동안길52 2동 Ⓣ 055-255-8883 Ⓗ 11:00-21:00, 월요일 휴무 Ⓘ @gabonsushi_cafeluciole Ⓜ Map → 2-C1

10 안민651

창원에서 진해로 넘어가는 안민고개에 초입에 위치한 카페. 안민터널을 이용하여 넘어가는 것이 빠를 수도 있지만 이왕이면 안민고개를 넘어 진해로 넘어가 보는 것을 추천한다. 이때 풍경은 덤. 안민651은 숲속 뷰가 아름다운 카페이다. 1층으로 들어서자마자 통유리창으로 햇살과 나무가 가득하게 들어온다. 2층은 3면이 통창이며 온몸으로 숲을 만끽할 수도록 좌석이 배치되어 있다. 햇살이 좋으면 좋은 대로, 비가 오면 그 또한 좋겠다. 자연이 거대하게 느껴지는 카페이다.

INFO
Ⓐ 창원시 성산구 안민고개길651-1 Ⓣ 0507-1391-8413 Ⓗ 10:00-23:00 Ⓟ 아인슈페너 6,000원 Ⓜ Map → 3-C18

EMOTIONS OF JINHAE 진해의 감성을 담아

EMOTIONS OF JINHAE

진해의 거리에는 이야기가 묻어 있었다. 골목과 거리, 집과 나무가 속삭이듯 다가온다. 흘러보낸 시간이 길었던 만큼 다양한 감성들이 곳곳에 살아 있다. 진해의 감성이 묻어 있는 카페를 모아 보았다.

 진해요

진해역에서 중원광장을 향해 내려오는 길에 위치한 진해요는 레트로 감성이 가득한 공간이다. 내부는 주택을 거의 수리하지 않아 신발을 벗어야 하는 번거로움이 있지만 이런 수고스러움도 진해요에서만 맛볼 수 있는 감성이다. 주택을 개조한 것이 아니라 그대로를 사용하고 있다는 표현이 맞겠다. 시공을 넘어 카페가 들어온 느낌이다. 진해요는 진한 라떼위에 달콤한 수제크림이 올려진 진해요커피가 시그니처. 디저트는 종류가 많지 않다. 티라미수와 당근케이크 이 두 가지로 충분하다 느낀다.

INFO
Ⓐ 창원시 진해구 중원로 68-7　Ⓣ 0507-1347-1050
Ⓗ 12:00-22:00　Ⓟ 진해요커피 6,000원　Ⓘ @cafe.jinhaeyo
Ⓜ Map → 4-C3

 송학커피

진해에는 일제강점기에 지어진 건축물의 흔적이 지금도 많이 남아 있다. 당시 한국의 전통가옥에는 2층이 없었으므로 송학커피 내부에 위치한 2층으로 올라가는 좁은 나무계단이 이곳이 적산가옥임을 말해주는데 카페로 개조되면서 한옥의 느낌을 가미하여 묘한 대비를 이룬다. 1층 야외 정원은 햇살과 그늘이 들어오기도 비켜가기도 하는 한적한 공간이다. 저녁이면 처마 끝에 매달린 전구에 불이 들어와 라이트업 되어 골목까지 환하게 비춘다. 디저트로 바움쿠헨이 인기다.

INFO
Ⓐ 창원시 진해구 중원로 81　Ⓣ 0507-1357-6508
Ⓗ 11:30 22:30　Ⓟ 오렌지에이드 6,000원, 플레인 바움쿠헨 3,000원
Ⓘ @songhakcoffee　Ⓜ Map → 4-C2

3 어씨빅센터커피

아치형 창 너머로 만개한 벚꽃이 반짝이는 햇살과 함께 들어올 때면 핑크빛 사랑도 함께 밀려오는 듯 사랑스럽다. 여좌천 로망스다리와 가까운 진해문화센터 바로 옆에 우뚝 선 웅장한 작은 성과 같은 어씨빅센터커피는 돌계단을 올라 커다란 나무 문을 열고 들어서면 생각지 못한 시원스러운 풍경이 펼쳐진다. 창을 넘어 벚꽃이 가득 들어오는 벚꽃필 무렵 가야할 카페 1순위이다. 내부에서 바라보는 현관 밖 풍경은 다른 세상을 보는 듯 몽롱하다.

INFO
Ⓐ 창원시 진해구 진해대로 317 Ⓣ 010-2591-9558 Ⓗ 10:00-18:00(주말 11:00-20:00)
Ⓟ 카페라떼 5,000원 Ⓘ @accc__coffee Ⓜ Map → 4-C1

4 오수비

오수비는 경화역 주택가에 위치한 감성이 넘치는 작은 카페이다. 사람들이 많이 다니는 경화역의 주 출입구의 반대쪽, 주민들의 왕래가 잦은 골목에 오수비가 위치하고 있다. 입구에서부터 묻어나는 명조체의 간판이 여린 감성을 자극한다. 내부 분위기도 군더더기 없는 단순함이 좋다. 사장님이 직접 그린 메뉴판을 보니 오수비의 전체적인 분위기가 읽힌다. 도란도란 이야기 나누기 좋은 다락방이 특히 눈에 띈다. 정성스럽게 내어주는 커피에 벚꽃이 힘께 담겨 왔다.

INFO
Ⓐ 창원시 진해구 병암북로3번길 26 Ⓣ 0507-1334-7151 Ⓗ 11:00-21:00
Ⓟ 아이스 아메리카노 4,000원 Ⓘ @cafe_osubee Ⓜ Map → 4-C7

MASTER'S BAKERY
창원 명인의 빵집

명인의 빵집 두 곳이 의창구 북면에 위치하고 있다. 두 곳 모두 대한민국 제과기능장이자 외국 유명 대회에서 수상한 경력을 가지고 있다. 수상 경력에 걸맞는 실력으로 베이커리 맛집으로 소문이 자자하다. 여러분의 선택은?

NATUREL45

근사한 외관을 뽐내는 나튀렐45는 호밀발효종 명인이며 대한민국 제과기능장이자 2020년 독일국제요리올림픽대회의 제과부분 금메달을 수상한 정영기 명인이 만들어내는 빵을 맛볼 수 있는 곳이다. 설명이 거창하지만 맛보면 누구나 고개를 끄덕이게 될 것이다. 보기만해도 군침이 도는 빵들이 대형 원탁 테이블에 가득하다. 보는 순간 뇌에서 선택 기능이 마비되고 만다. 판매 1위는 쫀득한 풍미가 살아있는 100% 쌀식빵. 월요일은 생산직원들의 휴무로 인해 일부 빵만 나오고 대신 커피를 1,500원에 판매하는 '커피데이'를 운영하고 있다.

INFO
A 창원시 의창구 북면 내감1길 1 T 055-291-0045
H 11:00-21:00 M Map → 2-D1

아뜰리에 베이커리 감계

들어서는 순간, 케이스에 진열된 케이크의 종류와 화려한 데코레이션에 시선을 빼앗기고 만다. 아뜰리에 베이커는 프랑스 제빵 월드컵 국가대표 기능장이 운영하는 베이커리 카페이다. 창으로 북면의 싱그러운 풍경이 그대로 들어와 뷰도 즐길만 하고 내부도 넓어 천천히 쉬어갈 만하다. 동물성 생크림만 사용하고 국산 팥을 직접 끓여 사용하며 첨가제를 일절 섞지 않고 자연발표시켜 건강한 빵을 만든다. 식빵류는 1시부터 나오기 시작한다.

INFO
A 창원시 의창구 북면 내감1길 1 T 055-291-0045
H 11:00-21:00 M Map → 2-D2

NOPO BAKERY
노포 베이커리 양대산맥

마산 불종거리를 사이에 두고 도보 2~3분 거리 내에 역사를 자랑하는 노포 베이커리 두 곳이 위치하고 있다. 옛날 빵집에는 꼭 있다고 하는 밀크셰이크가 이 두 곳 모두 인기 메뉴이다. 우유의 깊은 달콤함을 느껴보자.

고려당

마산 창동 상상길에 위치한 고려당은 70년대 청춘 남녀들의 미팅 장소로 유명했던 곳이다. 카페가 많지 않던 시절에는 빵집은 데이트 장소이자, 친구들과의 약속 장소이기도 했다. 마산에서 좀 놀아 본 사람이라면 고려당의 유명세를 익히 잘 알고 있을 것이다. 1959년에 시작된 고려당은 들어서는 순간 탐스러운 빵들의 행진에 맛집의 포스가 바로 느껴진다. 하지만 의외로 이곳 고려당의 베스트 메뉴는 밀크셰이크이다. 진한 우유맛에 이끌려 추억을 찾아오는 나이 드신 손님이 지금도 홀을 가득 채운다. 또 하나 놓치지 말아야 할 메뉴는 생크림스틱. 생크림을 뒤덮은 포슬포슬한 빵가루의 달콤함이 입안을 가득 채운다.

INFO
- Ⓐ 창원시 마산합포구 동서북10길 68　Ⓣ 055-243-0011
- Ⓗ 09:00-24:00　Ⓟ 밀크셰이크 3,000원　Ⓜ Map → 6-D1

코아양과

상상길 앞에 놓인 불종거리를 사이에 두고 길 건너편에 위치한 코아양과는 고려당과 함께 창원의 노포 베이커리 양대산맥이다. 드라마 <응답하라 1994>에서 마산 출신의 주인공과 함께 언급될 만큼 오래된 빵집이다. 코아양과는 앤티크한 분위기에 다소 차분한 분위기이다. 내부에 빵이 가득하고 오른쪽 창가 쪽에는 테이블과 좌석이 여유 있게 준비되어 있다. 노포 빵집이라 그런지 인기 메뉴도 비슷한데 이곳은 나가사키 카스테라와 롤케이크가 특히 인기이다. 고려당과 코아양과는 걸어서 3분 정도의 가까운 거리에 위치하고 있으니 빵을 좋아하는 사람들은 두 곳의 매력을 비교해 보길 바란다.

INFO
- Ⓐ 창원시 마산합포구 불종거리로 28　Ⓣ 0505-1441-1458
- Ⓗ 09:00-22:00, 월요일 휴무　Ⓟ 생크림스틱 3,500원　Ⓜ Map → 6-D2

마산의 추천 맛동네, 가포 덕동 *Special*

가포 덕동은 자연 풍광을 즐길 수 있으며 식사나 차를 마실 수 있는 곳이 많이 모여 있는 지역이다. 현지인에게 소개 받은 찐 맛집 리스트를 소개한다.

INFO
Ⓐ 창원시 마산합포구 덕동길 116 Ⓣ 055-243-6659
Ⓗ 11:00-19:00 Ⓘ @loure_olden_ Ⓜ Map → 6-C6

로라올던

로라올던의 오너는 근처에 친구가 경영하던 카페가 있어 자주 이 동네를 왔었다고 한다. 오가던 중 보았던 이 집이 오래 비어 있어 자신이 주인이 되기로 결심하고 개조하여 카페를 열었다. 단순히 '로라'라는 이름이 좋았다고 한다. 아내는 과일청을 만들고 커피를 내린다. 남편은 아내에게 필요한 가구를 만든다. 카페에 놓아둔 남편이 만든 가구는 간혹 판매되기도 한다. 이 공간의 모든 것이 소박하고 따뜻하고 정겹다. 사장님이 직접 내려주는 커피와 간단하게 배를 채울 로라탁틴과 피자도 맛볼 수 있다.

INFO
Ⓐ 창원시 마산합포구 덕동길 116 Ⓣ 055-243-6659
Ⓗ 11:00-19:00 Ⓘ @loure_olden_ Ⓜ Map → 6-C5

카페 노마드

덕동 산 뷰가 아름다운 카페이다. 들어서자마자 허브와 각종 식물들, 꽃과 벽을 가득 채우는 넓은 창으로 인해 눈과 코가 번쩍 열리는 기분이다. 맑은 날이면 야외테라스쪽 창으로 들어오는 볕이 좋다. 야외 테라스에도 허브와 식물이 가득하고 바라보는 시선 건너편에 산과 작은 들판이 보이는 소박한 풍경이 정겹다. 치유가 시작되는 싱그러운 공간이다.

개성순대

이곳은 마산 사람들이 찐맛집으로 소개하는 곳이다. 돼지피를 넣지 않고 살코기만을 넣어 담백한 개성식 순대와 함께 깻잎과 부추, 콩나물, 버섯이 가득 들어간 순대전골이 이곳의 대표 메뉴다. 뿌연 순대국에 익숙해져 있었는데 전골로 먹는 것은 색다른 맛이다. 라면이나 우동 사리를 추가해 넣을 수 있고 자작하게 남은 국물에 비벼 먹는 볶음밥은 별미. 함께 나오는 겉절이와 오이절임이 전골에 안성맞춤이다.

INFO
- Ⓐ 창원시 마산합포구 가포로 686 Ⓣ 055-222-7887
- Ⓗ 10:00-21:20 Ⓟ 순대전골(소) 25,000원
- Ⓜ Map → 6-R5

우동 한 그릇

드라이브 코스로 추천하고 싶은 동네 마산 가포(덕동)의 맛집이다. 주민들도 추천하는 맛집 우동한그릇은 독특한 방식으로 우동을 내어놓는다. 닭다리 튀김이 곁들여져 나오는 우동이 이곳의 시그니처인데 그 크기가 엄청나다. 우동과 따로 먹을 수도 있고 우동만 먹다가 닭다리를 살을 찢을 우동국물에 넣어 먹을 수도 있다. 손님들이 배부르게 먹고 갔으면 하는 소망으로 만들었다는 오너의 소망대로 배부르고 따뜻한 우동 한 그릇이다.

INFO
- Ⓐ 창원시 마산합포구 가포로 706
- Ⓗ 11:30-20:30(14:50-16:40 브레이크타임은 평일만)
- Ⓟ 닭튀김우동 10,000원 Ⓜ Map → 6-R4

CHANGWON: LOCAL RECOMMENDATION
창원권 로컬 추천 맛집

 박말순

이제 막 변화가 꿈틀대고 있는 곳, 의창구 중동에 위치한 이탈리안 레스토랑이다. 이 지역은 오래된 구도심 골목에 카페와 맛집이 들어서기 시작하면서 속칭 '속리단길'이라는 별칭으로 조금씩 알려지기 시작하고 있는 곳이다. 이곳 변화의 선두에 이탈리안 박말순이 있다. 박말순 할머니가 살았던 집을 레스토랑으로 개조하면서 할머니의 이름을 그대로 타이틀로 가져왔다. 다소 노후된 동네에서 맛보는 제대로 된 이탈리안이라 솔직히 놀랐다. 서울 익선동에서 증명된 오너의 운영 감각이 맛과 분위기에 살아 있다.

INFO
Ⓐ 창원시 의창구 읍성로34번길 17-8　Ⓣ 055-298-5502
Ⓗ 11:30-21:00(15:00-17:00 브레이크 타임)　Ⓟ 참나물 파스타 16,000원, 수비스 한돈 목살스테이크 34,000원
Ⓘ @malsoon_house　Ⓜ Map → 2-R2

 토도스

지금 창원에서 가장 핫한 맛집을 손꼽으라면 단연, 토도스이다. 토도스는 멕시코, 남미 음식 전문점으로 타코와 스테이크가 대표적이다. 일단 가성비가 좋은데 맛도 좋다. 캐주얼한 분위기로 맥주 한잔 곁들이면 좋을 집이다. 점심보다는 저녁이, 단 둘 보다는 여럿이 어울리고 가족 단위 방문객도 많다. 오픈부터 클로징까지 웨이팅은 필수이니 마음의 여유를 가지고 방문하기를 바란다.

INFO
Ⓐ 창원시 성산구 용호로 116　Ⓣ 055-274-4100
Ⓗ 11:30-22:00 (평일 브레이크 타임 14:50-17:00, 주말 브레이크 타임 15:50-17:00)　Ⓟ 토도스4 타코 19,000원
Ⓜ Map → 3-R3

돌돌솥

가로수길에서 줄서서 먹는 맛집 중 하나. 솥밥전문점이다. 메인 메뉴와 3가지 밑반찬, 샐러드와 장국이 함께 한상차림으로 나오고 특히 솥밥으로 나오므로 마지막에 숭늉을 맛볼 수 있다는 것이 특징이다. 동네 주민들에게도 인기며 근처 직장인도 찾는 맛집이다. 사람이 많고 다소 좁다는 것이 흠이라면 흠. 하지만 맛집의 명성답게 재료도 신선하고 볼륨감도 있으며 사이드 메뉴인 왕새우 튀김과 감자 코로케도 인기다.

INFO
Ⓐ 창원시 성산구 창이대로 464번길 22
Ⓣ 010-2533-6432
Ⓗ 11:30-21:00(14:10-17:00 브레이크 타임), 월요일 휴무
Ⓟ 부채살 솥밥 14,500원 Ⓜ Map → 3-R4

모루식당

가로수길 메인 거리와 조금 떨어진 곳에 모루식당이 있다. 작은 간판이 이곳이 모루식당임을 알려준다. 겉모습만 보면 다소 실망할 수 있지만 내부로 들어서는 순간 분위기에 일단 안심하게 될 것이다. 지인이 운영하는 가게에서 먹어본 카레를 잊지 못하고 그 비법을 전수받아 창원에 모루식당을 오픈하게 되었다고 한다. 매일 오늘의 카레가 바뀌고 오늘의 카레와 새우크림카레를 함께 맛볼 수 있는 반반카레가 시그니처 메뉴. 젊은 사장님의 카레에 대한 열정이 담백한 맛에 묻어 있다.

INFO
Ⓐ 창원시 성산구 용지로265번길 7 Ⓣ 055-606-5656
Ⓗ 11:00-21:00, 월요일 휴무 Ⓟ 반반카레 9,000원
Ⓘ moru_changwon Ⓜ Map → 3-R5

마하라자

인도 출신의 오너와 스탭들이 만들어낸 홀 분위기가 인상적이다. 이곳은 셰프의 거리 조성 당시 지역 예술가와의 협업으로 레스토랑내에 벽화 작업이 진행된 곳으로 인도를 상징하는 '레드포트' 건축물이 벽화로 남아 있다. 셰프의 거리에서 펼쳐지는 요리경연대회에서 수상 경력이 있는 오너 셰프는 제대로된 인도요리와 함께 한국인의 입맛에 맞춘 요리까지 다양한 맛을 선보여준다. 닭고기를 카레 양념에 재워 화덕구이 방식으로 구워내는 탄두리치킨이 이곳의 대표 메뉴. 치킨, 양고기, 야채 등 다양한 커리를 맛볼 수 있다.

INFO
Ⓐ 창원시 성산구 용지로 74 전원상가 3층 Ⓗ 055-274-5043
Ⓗ 10:30-22:30(15:00-17:00 브레이크 타임)
Ⓟ 치킨커리 14,000원, 런치세트 15,000원 Map → 3-R6

MASAN: LOCAL RECOMMENDATION
마산권 로컬 추천 맛집

사람마다 취향이 다르고 기준도 다르겠지만, 여기서 잠시 개인적인 맛집의 기준을 말하자면, 밥(쌀)이 맛있고, 찬이 정갈(촉촉)하며, 손님에 대한 배려가 식당 내부 곳곳에서 느껴지는 곳. 로컬들이 추천하는 맛집도 크게 다르지 않았다.

 식당입니다.

식당입니다는 합성동 복잡한 먹자골목 안에서 조용하고 정갈하게 식사할 수 있는 퓨전식당이다. 한식, 일식, 양식을 선택할 수 있으며 이곳 스키야키가 유명하고 목살스테이크도 인기다. 하우스 와인을 곁들일 수 있다. 입구 군더더기 없는 사인 간판과 흰색 회벽돌에 나무로 포인트를 준 현관까지, 솔직히 개인적으로 취향이다. 아기전용 의자와 아무것도 아닐 수 있지만 외투를 걸 수 있는 옷걸이를 둔 센스까지.

INFO
Ⓐ 창원시 마산회원구 양덕북17길 31
Ⓣ 0507-1352-2597　Ⓗ 11:30-22:00
Ⓟ 스키야키 26,000원　Ⓜ Map → 5-R1

 신포장어

마산어시장 근처 장어구이거리에서 가장 눈에 띄는 신포장어는 장어의 부드러운 질감과 맛깔난 양념으로 인기있는 곳이다. 적당하게 기름진 장어를 숯불에 구워 특제 소스에 찍어 먹는데 이 특제 소스의 깔끔한 맛에 장어의 담백함이 더해져 질리지가 않는다. 신포장어의 또다른 인기메뉴는 곰장어. 곰장어는 소금구이와 양념구이 중에서 고를 수 있다. 개방감 넘치는 공간 속에서 왁자지껄한 마산의 화끈한 분위기가 느껴지는 맛집이다.

INFO
Ⓐ 창원시 마산합포구 수산2길 113
Ⓣ 055-244-0007　Ⓗ 11:30-24:00
Ⓟ 장어구이130g 12,000원　Ⓜ Map → 6-R6

> **TIP 미더덕덮밥 맛있게 먹는 법**
> 미더덕덮밥은 흰밥이 보이지 않을 때까지 마구 비벼야 한다. 대충 비비면 짤 수 있기 때문인데 짓이기듯 비벼야 제맛을 느낄 수 있다. 오독한 식감과 입안으로 들어오는 바다향을 제대로 느껴보길.

 3 이층횟집

이층횟집이 위치한 진동은 미더덕축제가 열리는 그야말로 미더덕의 항구이다. 미더덕은 3~5월이 제철이고 이때에만 신선한 회를 먹을 수 있다. 이층횟집은 2층 집이 드물던 70년 전의 일본식 다다미식 건물을 개조했다고 한다. 제철회를 신선하게 맛볼 수 있으며 회전율이 좋아 기본 반찬이 신선하고 리모델링해서 분위기도 깔끔하다. 미더덕은 된장국에만 넣어 먹던 해산물이었는데 고급스러운 회로 먹을 수 있다는 것을 알게 되었다.

INFO
Ⓐ 창원시 마산합포구 진동면 미더덕로 345-1
Ⓣ 055-271-3456 Ⓗ 11:00-21:00, 첫째, 셋째 월요일 휴무
Ⓟ 미더덕덮밥 13,000원 Ⓜ Map → 6-R1

 4 노을보러왔굴

자리에 앉으니 왜 '노을보러왔굴'인지 알겠다. 창가 뷰는 마치 카페와 같고 메뉴는 박력이 넘친다. 노을보러왔굴은 고기와 조개구이를 함께 맛볼 수 있는 곳이다. 제철 조개를 양껏 먹을 수 있고 물리다 싶으면 돼지고기 한 쌈을 싸서 입에 넣으면 육즙이 가득. 채소 초고추장무침이 맛깔스럽고 무엇보다 전체적으로 양이 푸짐하다. 실외에서도 바다 풍경과 함께 운치 있는 식사가 가능하다.

INFO
Ⓐ 창원시 마산합포구 구산면 반동리 620-1
Ⓣ 055-221-1592 Ⓗ 10:30-21:00 Ⓜ Map → 6-R2

 5 바당돌담

조개구이나 회가 어울릴 것 같지만 이곳은 육고기 구이를 판매하는 곳이다. 너른 앞마당에 돌을 깔고 돌담을 쌓아 마치 제주의 바다 횟집 풍경이다. 600g 한 근 덩어리로 나오는 흑돼지근고기가 인기 메뉴. 풍경과 어울리는 제주에일, 하우스 와인을 곁들이면 식탁 분위기가 달라진다. 비릿하면서도 맛깔스러운 갈치속젓볶음밥도 추천. 바로 식당 앞에 펼쳐지는 잔잔한 바다 풍경도 맛있으니 추천.

INFO
Ⓐ 창원시 마산합포구 구산면 해양관광로 1363
Ⓣ 055-242-0208 Ⓗ 14:00-22:00(주말은 12:00 오픈), 월요일 휴무 Ⓟ 갈치속젓볶음밥 7,000원
Ⓘ @badang_doldam Ⓜ Map → 6-R3

JINHAE: LOCAL RECOMMENDATION
진해권 로컬 추천 맛집

진해는 리스트 업을 하고 보니 대체로 가성비가 좋았고 맛도 좋았다. 자극적인 것이 없었고 맛도 분위기도 편안했다. 동부회센타는 그 가성비가 충격이었다. 이유가 있는 맛집을 자신있게 소개한다.

1 가고싶은 파스타카페

벚꽃 명소 여좌천에서 그리 멀지 않은, 로망스다리가 끝나는 지점에 위치한 파스타 전문점이다. '다정한 공간이 될게요' 라는 문구 그대로 따뜻한 공간이다. 군데군데 자리한 라탄바구니들이 따뜻함을 더해준다. 거의 모든 메뉴가 9천원에서 1만원대로 가성비가 좋다. 구운 야채와 새우가 곁들어진 구운샐러드가 인기 메뉴. 전체적으로 음식이 양이 많지 않지만 플레이팅 된 요리에서 주방의 정성이 느껴진다.

INFO
- Ⓐ 창원시 진해구 여좌천로 158-34　Ⓣ 0507-1337-1378
- Ⓗ 13:00-21:00(15:00-17:30 브레이크 타임) 월요일 휴무
- Ⓟ 파스타 10,500원, 구운야채샐러드 10,500원
- Ⓜ Map → 4-R1

2 동부회센타

감히 전국에서 제일 가성비가 좋은 횟집이라고 말할 수 있을 것 같다. 매운탕 맛집이고 심지어 술도 저렴하다. 저렴한 가격의 비법은 좋은 회전율이라고. 주변 사람들에게 당장 추천하고 싶은 진해 맛집이다. 1층에는 포장 손님을 위한 코너가 따로 마련되어 있고 2층 좌석으로 올라가기 전에 반드시 자리를 배정받아야 한다. 국내산 활어 모듬(중)을 시키면 두 사람이 먹기 충분하다. 매운탕은 꼭 맛보길.

INFO
- Ⓐ 창원시 진해구 천자로5　Ⓣ 055-541-0932
- Ⓗ 11:30-22:00(15:00-16:00 브레이크 타임)
- Ⓟ 국내산 활어모듬(소) 10,000원, 매운탕 5,000원
- Ⓜ Map → 4-R4

3 파파레

진해에서 가장 웨이팅이 길었던 곳이다. 속천항 바닷가에서는 한 블록 들어와 대문이 없는 정원이 있는 아담한 주택을 내부만 개조한 이탈리안 레스토랑이다. 주택 끝 안쪽의 커다란 나무문을 밀면 내부가 드러난다. 단조롭지만 세련된 내부 분위기와 올리브오일이 달궈지는 냄새가 홀을 가득 채우고 있다. 모든 소스와 식전 빵, 베이컨과 과일청은 직접 만들어 제공한다. 이곳 뇨끼 맛집으로 유명하다. 시즌에 따라 뇨끼 소스가 변경된다.

INFO
Ⓐ 창원시 진해구 속천로 86 Ⓣ 055-545-9567
Ⓗ 11:30-21:30(14:30-17:00 브레이크 타임) 화수 휴무
Ⓟ 뇨끼 16,000원, 까르보나라 14,000원 Ⓜ Map → 4-R2

4 수제국수

진해 자은동에 위치한 웨이팅을 각오해야하는 국수 전문점이다. 내부가 넓고 순환이 좋아 그리 오랜시간 기다리지 않아도 된다. 자가제면 국수로 면발도 쫄깃하지만 육수가 담백하다. 하지만 이곳 국수 전문점이지만 미식가들도 인정하는 소갈비찜 맛집이다. 고기만두, 땡초부투전 등 주전부리 메뉴도 좋고 수제돈까스, 갈비탕이 있어 가족이 함께 와서 먹기 좋다. 다양한 메뉴와 함께 면장인이 직접 뽑은 수제면의 진수를 느낄 수 있는 곳이다.

INFO
Ⓐ 창원시 진해구 진해대로975번길 7-7 Ⓣ 0507-1444-8701
Ⓗ 11:00-21:00 Ⓟ 수제국수 4,500원 Ⓜ Map → 4-R5

5 겐쇼심야라멘

경화역 맞은편에 위치한 라멘 전문점이다. 입구부터 내부까지 분위기가 아주 힙하다. 한국에서 이런 색다른 분위기의 라멘 가게를 본 적이 있던가. 신주쿠의 유명한 라멘 가게를 떠올리게 하는 이곳은 얼큰함과 진한 맛이 공존하는 신라멘과 돼지뼈와 닭뼈를 우려낸 육수에 챠슈와 계란이 올라간 베이직한 라멘이 있다. 혼자오면 챠슈를 한 점 더 주는 재미있는 곳이다. 우연히 만난 맛집이었다. 경화역에 들린다면 꼭 들러보길 바란다.

INFO
Ⓐ 창원시 진해구 진해대로 648 Ⓣ 0507-1341-1989
Ⓗ 11:00-02:30(14:30-17:00 브레이크 타임) 월요일 정기휴무
Ⓟ 신라멘 9,000원 Ⓜ Map → 4-R3

NIGHT LIFE : 나이트라이프

NIGHT LIFE
나이트라이프

식사와 맥주를 곁들일 수 있는 레스토랑, 분위기 넘치는 펍, 독특한 개성이 가득한 바 등 여행의 피곤함을 녹이고, 인상적인 추억을 남겨줄 창원의 나이트라이프를 들여다 보았다.

1 ♪ 에어리언레코드바

상남동 번화가를 살짝 벗어난 골목, 멋들여진 테라스 외관을 자랑하는 복합 건물 메종드테라스 1층에 에어리언레코드바가 위치하고 있다. 문을 열면 붉은 색 조명이 흐르고 현역 DJ로 활동중인 사장님이 틀어주는 음악이 심장 깊숙이 들어와 박힌다. 이태원에 있어도 인기 있을 법한 힙함이다. 맥주, 위스키, 칵테일, 와인 등 다양한 주류를 즐길 수 있다. 호텔이 무료하다면 꼭 들러보길. 혼자여도 충분히 좋은 공간이다.

INFO
ⓐ 창원시 성산구 상남로107 큐비메종드테라스 1층
ⓣ 010-8330-6413   ⓗ 19:00-01:00(월요일 휴무)   ⓘ @alienrecordbar
ⓜ Map → 3-B2

2 ♪ 웨어하우스

셰프의 거리에 위치한 칵테일 전문 바이다. 퇴근길에 조용히 한잔 하거나 불금 마지막 코스로 들리는 사람들이 찾는 곳이다. 외국인 손님이 많고 토요일에는 디제잉이 펼쳐지는 힙한 곳이다. 모히토 등 맛집이라는 소문답게 칵테일 종류가 다양하다. 도수가 낮은 심플 칵테일과 도수가 높은 하드 칵테일에서 취향대로 고를 수 있고 칵테일 외에도 하우스와인, 맥주, 데킬라, 위스키, 커피까지 다양하게 즐길 수 있다. 카나페, 카프리제 등 칵테일과 즐기기 좋은 간단한 안주류를 함께 맛볼 수 있다.

INFO
창원시 상산구 용지로 78 남선상가 1층
010-9035-0550   15:30-02:00(금 15:30-03:00,
토 21:00-04:00) 일요일 휴무
Simple Cocktails 5,000원~
@rocio_warehouse055   ⓜ Map → 3-B3

3 빌로우

상남동 중심에 위치한 분위기 좋은 레스토랑 펍이다. 오픈 창너머로 상남동의 젊은 열기가 가득하고 주변에 힙한 펍이나 바도 많지만 빌로드펍은 혼자여도 좋고 조용하게 이야기를 나누기에도 좋은 펍이다. 안주겸 식사로 피자와 파스타를 곁들이면서 맥주, 칵테일, 하이볼, 위스키 등 각종 주류를 즐길 수 있고 무알콜 음료로는 모히토를 추천한다. 내부를 가득 채우는 음악에 몸을 맡기고 창 너머 상남동의 뜨거운 분위기를 한껏 느껴보자.

INFO
ⓐ 창원시 성산구 마디미로27번길 12
ⓣ 055-274-0540 ⓗ 17:30-03:00 ⓜ Map → 3-B1

Plus,
창원의 강남, 상남동

창원의 중심상업지구, 최고의 유흥가인 상남동은 단위 면적당 점포수가 강남을 뛰어 넘는 다는 말이 있을 정도로 상업시설이 집중되어 있는 곳이다. 각종 프랜차이즈가 몰려 있고 이곳에서 시작된 작은 음식점이 브랜드가 되어 전국 프랜차이즈로 성장하기도 한다. 식당과 술집, 펍과 바가 집중적으로 모여 있어 주말과 평일을 불문하고 창원특례시에서 사람들이 가장 많이 모이는 최고의 번화가이다. 창원에서 밤을 즐기고 싶다면 단연코, 상남동이다.
ⓐ 창원시 성산구 상남동 ⓜ Map → 3-★4

Tip. 상남 '대끼리야시장'
상남동 중심에는 상남시장이 위치하고 있다. 일제강점기에 세워져 지금까지 이어져 온 역사와 전통을 자랑하는 상남시장은 상설시장과 더불어 4, 9일에는 5일장이 열린다. 특히 밤에 열리는 '대끼리야시장'은 젊은 층에게도 인기 있는 핫플레이스이다.
ⓐ 창원시 성산구 마디미로 28 ⓜ Map → 3-★4

LIFESTYLE & SHOPPING

창원은 빌딩보다는 주택과 골목이 많은 곳이다. 골목 사이사이에 숨겨진 숍들을 발견하는 재미도 쏠쏠하다. 이야기를 품고 있는 개성 강한 숍과 유독 즐거웠던 동네 책방 여행을 기록한다.

01
STORY & STORE :
이야기가 있는 가게

02
SMALL BOOKSTORE :
작고 소중한 동네 책방

무하유(無何有)

무하유는 조용한 사파동에 위치한 빈티지 편집숍 겸 복합문화공간이다. 철제로 마감된 미닫이 문을 열고 들어가니 시원한 지하 공간이 열렸다. 특별할 것 없는 외부와 달리 내부는 다른 세상이었다. 무하유는 북토크를 개최하며 동네서점 역할을 톡톡히 해내고 있으며 강연이나 공연 등 다양한 콘셉트의 문화행사도 개최하고 있다. 판매하는 의류나 책에서는 빈티지라는 주제가 읽힌다. 오너는 물건이 소비되기보다는 스토리와 함께 누군가에게 소장되기를 바라는 메시지를 전해주고 있었다.

Ⓐ 창원시 성산구 비음로 61 Ⓗ 금, 토, 일 13:00-18:00(방문전 DM)
Ⓘ @_muhayu_ Ⓜ Map → 3-S2

STORY & STORE

이야기가 있는 가게

창원은 빌딩보다는 주택과 골목이 많은 곳이다. 골목 사이사이에 숨겨진 숍들을 발견하는 재미도 쏠쏠하다. 이야기를 품고 있는 개성 강한 숍과 유독 즐거웠던 동네 책방 여행을 기록한다.

옴샨티센트하우스

클래식한 공간감과 향기가 가득한 옴샨티센트하우스는 캔들과 디퓨저, 패브릭 퍼퓸 등 엄청난 개체 수의 향기 제품을 만날 수 있는 곳이다. 특히 개인에게 어울리는 퍼스널 퍼퓸을 찾아주며 조향 및 아로마 클래스도 운영중이다. 클래스는 이론에서부터 체계적인 강의와 함께 효능에 따른 블렌딩 방법을 설명하여 실생활에 적용할 수 있도록 도와준다. 향에 끌리어 왔지만 눈도 함께 호강하는 공간이다.

Ⓐ 창원시 성산구 외동반림로256 Ⓣ 0507-1317-9698 Ⓗ 12:00-20:00, 월요일 휴무
Ⓘ @omshanti_rose Ⓜ Map → 3-S4

로몬빌리지

창원 시청 후문쪽에 위치한 로몬빌리지는 다양한 캐릭터 제품과 귀여운 장난감, 생활용품이 한곳에 모인 소품숍이다. 샛노란 외벽과 아치 창문이 주변과 사뭇 다른 분위기를 뿜어내고 있다. 언뜻 아이들의 공간처럼 보이지만 어른들도 함께 즐길 수 있는 키덜트샵이다. '다꾸' 코너도 알차고 귀엽고 특이한 볼펜이나 문구류도 많아 시간가는 줄 모르고 둘러보게 된다. 가로수길 가는 길에 들리면 좋을 곳에 위치해 있다.

Ⓐ 창원시 성산구 용지로153번길 2　Ⓣ 0507-1400-6356　Ⓗ 13:00-20:00, 월요일 휴무
Ⓘ @lomon_village　Ⓜ Map → 3-S1

그레이하우스

흔치 않은 인테리어 소품과 오브제, 가구, 악세사리, 액자 등 고급스러운 라인업을 자랑하는 라이프스타일 편집숍이다. 빈센조 등 드라마 협찬도 꾸준히 해 오고 있다. 핑크색 현관을 열고 들어가면 별세계가 펼쳐진다. 화려한 색감의 대형 오브제들이 시선을 강탈하고 지하에서 지상 2층까지 오브제와 가구, 소품들로 빼곡이 채워져 있다. 오너는 탁월한 감각으로 노하우와 정열을 가로수길에 쏟아 내고 있는 가로수길 초창기 오너 세대이다. 1997영국집과 올리브장작, 회류떡방을 함께 운영하고 있다.

Ⓐ 창원시 성산구 용지로 239번길 28　Ⓣ 055-283-0099　Ⓗ 11:00-20:00
Ⓘ @grayhouse_changwon　Ⓜ Map → 3-S6

1 책방19호실

Ⓐ 창원시 의창구 용지로281번길 11　Ⓣ 0507-1440-9882
Ⓗ 수, 금, 토 10:00-17:00, 화, 목 18:30-21:30, 일, 월 휴무
Ⓘ @room_bookstore　Ⓜ Map → 3-S7

2 청보리책방

Ⓐ 창원시 봉신구 외동빈김로254번길 8-1　Ⓣ 0507-1336-7919
Ⓗ 10:30-18:30, 일요일 휴무　Ⓜ Map → 3-S5

SMALL BOOKSTORE

작고 소중한 동네 책방

창원에서는 걷다가 유독 책방을 만날 기회가 많았다. 생각지도 않은 곳에서 '짠' 하고 나타나는데 반갑기도 하고 대견하기도 했다. 한 번쯤 들렀으면 하는 작고 예쁘고 소중한 동네 책방을 모아 보았다. 오래오래 굳건히 자리를 지켜주길 바라는 마음을 담아.

1. 경남도립미술관 근처에 위치한 책방19호실은 따뜻한 햇살이 내리쬐는 골목 주택가에 위치하고 있다. 도리스 레싱의 소설 <19호실로 가다>에서 영감을 얻어 이름 지었다고 한다. 짙은 초록 벽과 엔티크한 가구들, 적절한 조도, 아기자기한 소품의 배치로 서점 주인의 취향이 느껴졌다. 책의 내용을 적어 놓은 메모지에서 자신이 일군 공간에 대한 애정이 느껴진다. 정기적으로 혹은 부지런히, 독서회와 글쓰기 모임을 개최하고 있으며 지역 작가 중심으로 서적을 구매하고 전시, 판매하고 있다.

2. 가로수길 골목에 위치한 청보리책방의 대표는 아이를 키우면서 자주 접했던 보리출판사에 특별한 애정을 가졌다고 한다. 지금은 보리출판사의 프로젝트와 함께 하는 어린이도서관을 운영중이며 대표가 직접 저자를 초대해 북토크를 개최한다. 오페라를 감상하거나 앙상블 연주회가 열리는 문화공간이기도 하다. '책방을 통해 다정한 네크워크를 만들어 나간다' 는 비전 아래 사람들은 함께 악기를 연주하고 LP판을 들으며 커피를 내려 마시기도 한다. 다정함도 책에서 얻을 수 있다는 희망이 청보리책방에 있다.

LIFESTYLE & SHOPPING

3 오누이북앤샵

Ⓐ 창원시 의창구 창이대로333번길 28　Ⓣ 0507-1306-8921
Ⓗ 12:00-17:00, 월, 화 휴무　Ⓘ @onuionui　Ⓜ Map → 4-S3

3. 카페인 듯 책방인 듯 정갈한 분위기의 동네 책방이다. 2층 주택 건물의 1층을 개조하여 이용하고 있다. 2018년부터 꾸준히 독서모임을 진행하고 있으며 지역 작가의 작품 전시 공간으로, 북토크 공간으로 활동되고 있다. 이름 그대로 오누이가 운영하는 책방이고 서로에게 의미가 있는 것들을 소개하고 전시하고 공유하고 있다. 카페 한편의 필름 카메라 컬렉션도 오누이 중 누군가의 의미 있는 물건이리라. 조용한 책방에서 커피 한잔할 수 있는 작고 예쁘고 소중한 동네 책방이다.

4. 주책방은 사파동에 위치한 동네서점과 제로웨이스트숍이 함께하는 공간이다. 주택의 지하를 대형 서점 못지 않은 곳으로 재탄생시켰다. 상당히 넓은 내부에는 책을 진열한 메인공간과 제로웨이스트 제품, 그리고 독립출판물로 나누어 전시하고 있다. 작가를 초청한 북토크, 지역의 아이들과 함께하는 그림그리기 강의, 글쓰기 클래스 등 지역과 연대한 프로그램을 기획하고 실현해 나가고 있다. 그림책 <미소의 흔적>을 직접 출판하였다. 책에 대한 열정으로 이 모든 것을 일궈내고 있다.

4 주책방

Ⓐ 창원시 성산구 창이대로719번길 17　Ⓣ 010-2301-4858
Ⓗ 13:00-19:00 일, 월, 화 휴무　Ⓘ @jubookshop　Ⓜ Map → 3-S3

MARKET
사람이 사는 풍경, 전통시장

사람사는 냄새가 가득한 전통시장은 항상 흥미진진하다. 마트에 세상 모든 것이 다 있다 하지만 사람의 인심와 정은 없지 않은가. 여행에서 놓치지 말아야 할 가장 신나는 여행을 즐겨보자.

> **SCENE. 경화시장의 명물 뻥튀기 할아버지**
>
> 경화시장에서 이곳의 명물이 뭐냐고 물어보면 누구나 한 가지로 답을 돌려준다. '뻥튀기 할아버지'. 할아버지는 지나가는 사람들의 발걸음을 불러 세우신다. 뻥튀기 기계가 곧 터질것이니 사진찍고 가라고. 재미난 구경거리와 인심도 가득 담긴 장면이다.

경화시장

경화시장은 3일 8일마다 5일장이 열리는 진해의 대표 전통시장이다. 경화시장은 1924년 공설 1호 시장으로 분류된 역사 깊은 시장이다. 사람도 많고 물건도 많아 시장 분위기가 활력이 넘친다. 메인 골목으로 들어서면 중앙에 가판대를 사이에 두고 좁은 길을 따라 사람들이 물밀 듯이 밀려들고 나간다. 신선한 제철 과일, 채소, 밑반찬, 젓갈 등 사람과 물건이 이렇게 많을 수 있을까 싶을 정도. 보이는 것들이 카메라에 모두 담기지 않는다는 사실이 아쉽다. 경화시장은 경화역에서 도보로 이동이 가능하다.

INFO
Ⓐ 창원시 진해구 경화동 1758-75　Ⓣ 055-544-1112　Ⓜ Map → 4-★10

진해중앙시장

진해의 역사와 함께하는 진해중앙시장의 역사는 1946년으로 거슬러 올라간다. 점포수는 280여개에 이르며 다양한 먹거리를 즐길 수 있는 먹자골목이 형성되어 있어 따뜻한 주전부리로 허기를 달래기 좋다. 진해역에서 가까워 벚꽃시즌이면 시장에도 활기가 더해진다. 근대사역사거리와도 가까워 함께 여행하기 좋다. 많은 예술인이 교류한 진해지역의 특성에 맞게 매월 15일 '중앙데이'에 다양한 공연이 펼쳐진다. 상권의 옛 명성을 되찾고자 하는 '진해군항 상권르네상스 사업'이 진행되고 있어 앞으로 더 활기찬 시장의 모습을 기대할 수 있을 것 같다.

INFO
Ⓐ 창원시 진해구 벚꽃로 72　Ⓣ 055-546-6024　Ⓜ Map → 4-★19

SOUVENIR & FOOD ITEM
특산품, 기념품

단감빵

부드러운 팬케이크와 달콤한 단감과 단팥 페이스트가 만나 창원을 대표하는 특산품이 되었다. 단감은 창원에서 처음 재배되기 시작했으며 생산량 1위 도시임을 알리는 상징적인 특산품이다. 의창구에 위치한 그린하우스 베이커리에서 판매하고 있다.

9,000원 (6개입)

판매처 그린하우스 베이커리

벚꽃빵

진해벚꽃을 연상시키는 꽃잎 모양을 하고 있는 진해 특산품이다. 2006년 진해제과·미진제과에서 독창적으로 개발해 만든 벚꽃 향이 나는 분홍 앙금이 들어있다.

12,000원 (10개입)

판매처 진해제과

진해콩과자

진해를 소개하는 방송에 등장하면서 더욱 유명세를 타고 있는 진해콩은 무려 100년이 넘는 전통을 가진 경화당제과에서 만들고 있다. 국내산 콩가루를 사용하고 다른 첨가물을 넣지 않는다.

900원 (1개)

판매처 경화당제과
900원

거북이빵

진해 장인의 기술과 최상의 국산팥으로 제작된 거북이빵은 단팥과의 균형을 위해 전용 밀가루를 사용하고 있는 특산품이다. 거북이는 예로부터 무병장수를 상징하며 먹는 사람의 건강을 기원하며 만들어 진다.

12,000원 (8개입)

판매처 코스모스 베이커리

마산어간장

화학물질을 사용하지 않고 자연발효시켜 발효 효소와 발효균이 그대로 살아 있는 마산의 전통적인 특산품 어간장이다. 등푸른 생선이 가지고 있는 천연 아미노산과 칼슘, 칼륨 등 천연 영양분을 함유하고 있다.

20,000원 (750ml, 1병)

구입처 바다천지

경남관광기념품점
> INFO

창원컨벤션센터 경남관광기념품점
Ⓐ 창원시 성산구 원이대로 362 창원컨벤션센터 (CECO) 1층 ☎ 055-212-1340
Ⓗ 09:30-18:30 Ⓔ gntostore.kr Ⓜ Map → 2-S

창원몰
Ⓘ changwonmall.kr

PLACES TO STAY

창원 숙소

즐거운 여행을 위해 놓칠 수 없는 숙소 결정. 여행의 품격은 숙소에서 결정된다고 해도 과언이 아니다. '휴식'과 '다채로움'이 더해진 창원 여행의 품격을 높여줄 숙소를 둘러보자.

SERVICE
레스토랑, 사우나, 피트니스, 골프연습장, 실내수영장, 연회장, 웨딩홀, 레스토랑, 바, 플라워숍

1. GRAND MERCURE AMBASSADOR CHANGWON
그랜드 머큐어 앰버서더 창원

풀만 앰배서더 창원이 그랜드 머큐어 앰버서더 창원으로 새로운 도약을 시작했다. 경남의 랜드마크 시티세븐몰, 창원 컨벤션 센터와 나란히 위치하고 있어 엔터테인먼트와 국제 행사 등 다양한 놀거리와 볼거리를 제공한다. 총 321개의 객실을 보유하고 있으며 KTX창원중앙역에서 차로 10분 거리에 위치하고 있다.

Ⓐ 창원시 성산구 원이대로 332
Ⓣ 055-600-0700 Ⓜ Map → 2-H2
https://www.ambatel.com/grandmercure/changwon/ko/main.do

2. TOYOKO INN CHANGWON
토요코인 창원

SERVICE
회의실, 세탁실, 조식 레스토랑

전국에 체인망을 가지고 있는 비즈니스 호텔 토요코인 창원이 2022년 3월 문을 열었다. 창원특례시 중앙동의 편리한 교통을 누릴 수 있고 주변 레스토랑이나 카페 등 각종 편의시설을 이용할 수 있다는 장점이 있다. 1층 로비에 위치한 레스토랑에서 제공되는 조식이 무료이며 메뉴도 알차니 놓치지 말길 바란다. 가성비가 뛰어난 호텔이다.

Ⓐ 창원시 성산구 중앙대로 93
Ⓣ 055-282-1045 Ⓜ Map → 3-H2
toyoko-inn.co.kr

3
GRAND HOTEL CHANGWON
그랜드시티호텔 창원

창원특례시 가장 중심에 위치한 그랜드시티호텔 창원은 트렌드에 맞는 다양한 분위기를 가진 호텔이다. 1층 로비에 위치한 다이닝 더키친78에서 통창 너머로 들어오는 햇살과 편안한 분위기 연출되는 캐주얼한 분위기에서 제공되는 조식이 인상적인 곳이다. 피트니스, 회의실 등 다양한 부대시설을 갖추고 있다.

Ⓐ 창원시 성산구 중앙대로 78
Ⓣ 055-262-9090 Ⓜ Map → 3-H1
grandcityhotel.co.kr
@grandcityhotel_cw

SERVICE
카페, 비즈니스 센터, 연회장

Ⓐ 창원시 의창구 창원대로363번길 22-5
Ⓣ 055-237-1001 Ⓜ Map → 2-H1
@crownhotel_changwon

4
CROWNHOTEL CHANGWON
크라운호텔 창원

창원종합터미널 바로 앞에 위치한 크라운호텔은 시외버스 혹은 고속버스를 이용하는 여행객에게 편리한 호텔이다. 3성급 호텔로 전면 리모델링하여 쾌적하고 홈플러스, 아울렛등 쇼핑몰도 걸어서 5분 거리에 위치하고 있어 편리하다. 특급호텔 못지 않은 서비스 제공으로 만족감이 큰 호텔이다.

SERVICE
레스토랑, 피트니스, 회의실, 연회장, 세탁실, 비즈니스 센터

5
HOTEL INTERNATIONAL CHANGWON
호텔인터내셔널 창원

Ⓐ 창원시 성산구 중앙대로 69 Ⓣ 0507-1381-1056
Ⓤ @hotel_international_changwon Ⓜ Map → 3-H3

6
HOTEL AVENUE
에비뉴호텔 창원

Ⓐ 창원시 의창구 용지로169번길 5 Ⓣ 055-263-7200
Ⓤ www.hotelavenue.co.kr Ⓜ Map → 3-H4

7
SKY VIEW HOTEL
스카이뷰호텔

Ⓐ 창원시 마산합포구 해안대로317 Ⓣ 055-248-2700
Ⓤ skyviewhotel.kr Ⓘ @skyview_hotel_changwon
Ⓜ Map → 6-H1

8
ALMOND HOTEL
아몬드 호텔

Ⓐ 창원시 진해구 진희로23번길 4 Ⓣ 055-552-4888
Ⓜ Map → 4-H1

PLAN YOUR TRIP : THE BEST DAY COURSE

가족&아이와 함께

가족 모두에게 소중한 기억을 남을
오감만족 가족여행 코스

---

1 Day

A. 창원의 집 p.00
총 14개의 전통 한옥에서 당시의 생활상을 재현해 놓았다. 한국 정원도 함께 감상하면 좋다.

B. 창원역사민속관 p.00
창원의 생성과 현재에 이르기까지의 역사를 한 눈에 알기 쉽게 설명하고 있다.

C. 로몬빌리지 p.00
눈이 휘둥그레질 정도로 종류가 다양한 팬시용품이 있는 곳이다. 시간가는 줄 모르고 구경하게 된다.

D. 창원과학체험관
경남 유일의 과학 전문 체험관으로 전시관의 90%이상이 체험이 가능한 참여형 프로그램으로 이루어져 있다.

E. 창원수목원
선인장 온실, 유럽정원, 교과서 식물원, 재배온실 등 총 14개의 테마전시워이 꾸며져 있다

2 Day

A. 팔룡산 돌탑공원
이산가족의 아픔이 사무쳤던 한 남자가 1,000기의 돌탑을 쌓기로 결심하고 쌓기 시작한 것이 지금 돌탑공원이 되어 있다.

B. 식당입니다.
정갈한 한상차림의 식사를 할 수 있는 곳으로 한식을 비롯해 다양한 요리를 즐길 수 있다.

C. 돌섬해상유원지
돌은 '돼지'의 옛말이며 섬모양이 돼지가 엎드려 있는 듯하다 하여 붙여진 이름이다. 섬 안에 꽃이 가득하다.

D. 해양드라마세트장
<김수로>, <미스터 션샤인>, <역적> 등의 드라마를 촬영한 곳으로 바다를 배경으로 한 드라마 세트장이다.

E. 로봇랜드
세게 최초의 로봇을 테미로 한 테미피그. 넓지 않아 아이들과 자유로이 하루를 보낼 수 있다.

3 Day

A. 제황산공원
제황산은 진해의 중심에 위치하고 있으며 산꼭대기에는 진해탑과 전망대가 위치하고 있다.

B. 수제국수
진한 육수가 깔끔하다. 이곳은 매운갈비찜도 유명하니 든든하게 배를 채우고 다음 여정을 시작해 보자.

C. 진해드림파크
목재문화체험장에 아이들의 놀이공간이 잘 갖추어져 있다. 유해물질 없이 자연속에서 맘껏 뛰어 놀 수 있는 공간이다.

D. 진해보타닉뮤지엄
뒤로는 천자봉이, 앞으로는 진해 바다가 펼쳐지는 절경을 자랑하는 식물원

E. 웅천읍성
왜구의 심입을 막기 위해 축성한 성으로 현재 동문 터와 서벽과 남벽의 일부만 남아 있지만 당시의 웅장함이 그대로 느껴진다.

PLAN YOUR TRIP : THE BEST DAY COURSE

COURSE 2 — 연인&친구와 함께

즐거움도 두 배, 감동도 두 배
인생 단짝과 함께하는 추억쌓기 코스.

1 Day

A. 메타세콰이어 가로수길
창원의 트렌디한 카페와 맛집이 집중적으로 몰려있는 곳이다. 계절마다 다른 풍경을 보여주는 아름다운 거리이다.

B. 안민651
안민고개 초입에 위치한 산뷰가 아름다운 카페. 카페 안에서 통창 가득 들어오는 숲을 감상할 수 있다.

C. 안민고개
창원에서 진해로 넘어가는 고갯길이다. 숲이 아름답고 봄에는 벚꽃 명소로도 유명하다. 천천히 산을 감상해 보자.

D. 귀산카페거리
귀산은 마창대교 뷰를 감상할 수 있는 카페가 줄지어 있는 핫플이다. 바다가 보이는 카페에서 쉬어갈 수 있는 곳.

E. 셰프의 거리
창원의 중심상업지역에 위치한 맛의 거리. 이국적 요리와 칵테일 바 등으로 여행의 흥을 한층 돋운다.

2 Day

A. 가고파꼬부랑벽화마을
마산항이 내려다 보이는 언덕 위의 작은 마을 낮은 담벼락에 파스텔색 물감이 수를 놓았다.

B. 3.15해양누리공원
서항지구에 2021년 새롭게 문을 연 수변공원으로 문화와 예술, 마산의 민주항쟁의 기록이 남아 있는 의미있는 곳이다.

C. 마산어시장
일제강점기에도 어시장의 역할을 담당했던 마산어시장은 저렴한 가격으로 푸짐하게 활어회를 맛볼 수 있다.

D. 로라올던
따뜻한 시골 감성의 로라올던은 쾌활하고 정겨운 사장님의 수제 음료와 따뜻한 디저트를 맛볼 수 있다.

E. 콰이강의 다리
연인이 함께 건너면 사랑이 이루어진다는 콰이강의 다리는 바닥이 투명유리로 마감되어 있어 스릴이 넘친다.

3 Day

A. 음지도
음지도와 근처 소쿠리섬을 연결하는 짚트랙이 설치되어 있어 다이나믹한 어트랙션을 즐길 수 있다.

B. 우도
음지도에서 보도교를 통해 걸어서 건너갈 수 있는 섬이다. 바다를 조망하며 걸을 수 있는 예쁜 산책로가 마련되어 있다.

C. 포레스트502
숲의 풍광이 아름다운 곳에 위치한 카페이다. 창 너머로 들어오는 시원한 바람과 정원의 햇살이 눈이 부시도록 아름다운 카페

D. 경화시장
5일장의 경쾌함을 느낄 수 있는 진해의 전통시장. 엄청난 양의 농산품과 사람들로 활기가 넘친다.

E. 진해루
해군부대가 있었던 곳을 해변공원으로 조성한 후 아이와 어른이 함께 즐길 수 있는 한적하면서도 멋스러운 쉼터가 되었다.

PLAN YOUR TRIP : THE BEST DAY COURSE

뚜벅이를 위한 창원 여행

도보 혹은 대중교통만으로도 충분히 창원을 즐길 수 있다.
뚜벅이를 위한 핵심 스폿 여행 코스

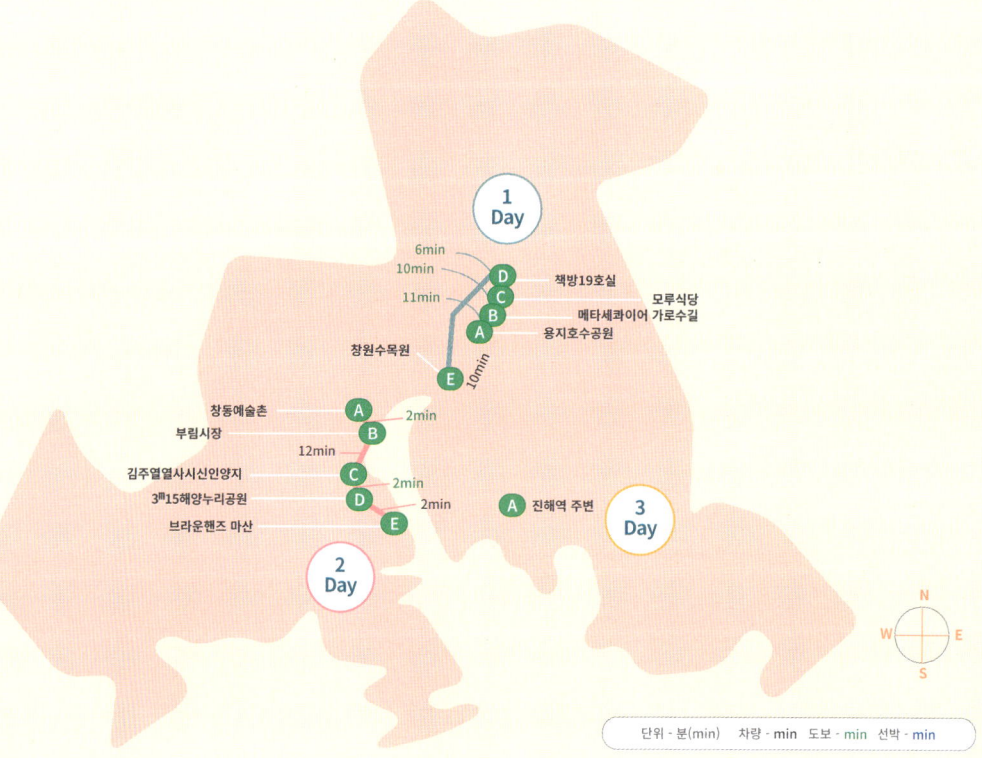

1 Day

A. 용지호수공원
도심에 위치한 나무와 호수, 예술작품을 감상할 수 있는 곳이다. 용지공원을 시작으로 걸으면 가로수길을 제대로 만끽할 수 있다.

B. 메타세콰이어 가로수길
맛집과 세련된 편집숍 등 다양한 볼거리가 집중되어 있는 곳이다. 이곳에서 창원의 트렌드를 읽을 수 있다.

C. 모루식당
가로수길 뒷골목에 위치한 맛과 분위기 모두 만족할 카레 전문점. 두가지 카레맛을 볼 수 있는 반반카레가 인기다.

D. 책방19호실
골목에 위치한 책방19호실은 여행의 지친 몸과 마음을 쉬어갈 수 있는 곳이다. 책에 대한 세심한 배려가 돋보이는 곳.

E. 창원수목원
창원수목원에는 처음보

2 Day

A. 창동예술촌
창동의 골목이 사람들로 다시 채워지기 시작했다. 갤러리, 예술 창작 공간으로 훌륭하게 재생된 공간이다.

B. 부림시장
창동예술촌 근처에 위치한 전통시장. 시장내에 위치한 6.25떡볶이가 유명하다. 전쟁을 연상시킬 정도로 사람이 많았다고 하여 지어진 이름이라고 한다.

C. 3.15해양누리공원
서항지구에 새롭게 정비된 해양공원이다. 도심에서 그리 멀지 않은 곳에 바다와 꽃과 자연을 느낄 수 있는 쉼터이다.

D. 김주열열사시신인양지
3.15해양누리공원은 원래 부두가 있던 장소이다. 이곳에서 3.15의거 당시 목숨을 잃은 김주열 열사의 시신이 인양되었다.

E. 브라운핸즈 마산
홍킨새생 프로젝트를 신행하고 있는 브라운핸즈 마산점은 사용하지 않는 폐차고지를 재생하였다. 가포항의 운치있는 풍경을 감상할 수 있다.

3 Day

A. 진해역 주변
진해역의 지붕창이 있는 유럽풍 역사는 등록문화재로 등록되어 있다. 지금은 화물운송역으로만 활용되고 있다.

- **여좌천로망스다리**
로망스다리에서 사랑을 고백하면 사랑이 이루어진다고 하여 최고의 데이트 코스, 인생사진 촬영장소로 인기다.

- **진해요**
진해요는 오래된 주택의 공간을 거의 살려 레트로 감성이 가득한 진해에서 꼭 가봐야할 매력적인 카페이다.

- **진해군항마을역사관**
진해의 근대 역사를 사진으로 설명하고 있다. 군항마을 역사관 주변으로 군항마을역사길이 이어진다.

- **중원광장**
로터리식 중원광장은 1910년대 일본이 군항도시를 건설하기 위해 조성한 광장이다. 광장을 중심으로 8개의 길이 형성되어 있다.

PLAN YOUR TRIP : THE BEST DAY COURSE

COURSE 4

감성 힐링 여행

자연과 감성이 가득한 여행
오롯이 나와 혹은 소중한 사람과 마주하는 여행 코스

단위 · 분(min) 차량 · min 도보 · min 선박 · min

1 Day

A.북면수변생태공원
시야를 가로막는 것이 없이 탁 트인 자연 그대로의 수변 공원이다. 꽃과 강, 나무. 바라보는 모든 것이 편안하다.

B.주남저수지
농업용수를 공급해주던 저수지에 지나지 않았지만 철새 도래지로 알려지면서 세계적으로도 중요한 습지로 등록되었다.

C.NATURAL45
대한민국 제과기능장이자 2020년 독일국제요리올림픽대회 제과부분 금메달을 수상한 명인의 빵을 맛볼 수 있다.

D.소리단길
창원의 가장 오래된 구도심인 의창구 중동과 소답동 일대가 젊은 청년들이 주도하는 핫플 골목으로 되살아나고 있다.

E.도리단길
도계동에 한적한 골목에 레스토랑과 카페가 생기면서 '도리단길'이라는 명칭이 생겼다. 각각의 개성을 가진 카페를 구경하는 재미를 즐겨보자.

2 Day

A.진동항
미더덕의 항구로 유명한 곳이다. 어촌마을의 아름다운 모습을 감상하기 좋은 감성 스폿이다.

B.이층횟집
3~5월 미더덕의 시즌이면 이곳은 미더덕을 맛보려는 사람들로 가득해진다. 층 집이 드물던 70년 전의 일본식 건물을 개조한 곳이다.

C.광암해수욕장
광암해수욕장은 창원에 위치한 유일한 해수욕장으로 이국적인 해변 풍경이 아름다운 곳이다.

D.파도소리길
해양드라마세트장과 연계된 아름다운 바다를 곁에 두고 걸을 수 있는 길이다. 데크로드가 설치되어 있어 편히 걸을 수 있다.

E.저도 비치로드
콰이강의 다리 건너에 마산의 최남단 저도가 있다. 맑은 날이면 바다는 비취색을 띈다. 자연을 산책하는 힐링의 장소이다.

3 Day

A.창원편백치유의 숲
58ha에 이르는 숲에 다스림길, 해드림길, 어울림길, 더드림길의 4개의 치유숲길이 조성되어 있다.

B.어씨빅센터커피
아치형의 창이 멋스러운 카페이다. 봄에는 이 창 너머로 활짝 핀 벚꽃을 볼 수 있다.

C.속천항(속리단길)
진해루 근처 작은 항구마을 해변에 카페가 생기기 시작하며 속칭 '속리단길'이라는 명칭으로 불리며 지금 한창 핫하다.

D.진해루
해군부대가 있던 터를 공원으로 재정비하면서 세워진 누각을 세웠다. 2층에서 내려다보이는 산과 바다가 어우러진 풍경이 아름답다.

E.행암마을
철길과 바다가 맞닿은 이색적인 풍경이 아름답고 드라이브 코스로도 제격인 곳. 전국 철도 중 아름답기로 손꼽힌다.

PLAN YOUR TRIP : TRAVELER'S NOTE

Traveler's Note

> 꽃과 나무의 도시 창원. 9가지 숫자를 통해 창원을 좀 더 알아보자.

748.03 km²

창원특례시의 면적이다. 동쪽으로는 김해시·부산광역시, 북쪽으로는 밀양시·창녕군·함안군, 서쪽으로는 진주시·고성군, 남쪽으로는 마산만·진해만에 접해 있다.

1,030,000 people

창원특례시의 인구수는 103만명이다(2022년 5월 기준). 2022년 창원시는 창원특례시로 새로운 도약을 시작했다. 특례시는 인구 100만명 이상의 도시에 부여되는 새로운 지방자치단체 유형이다.

34,966 km²

전국 최초의 계획도시 창원특례시의 중심에 위치한 창원광장의 면적이다. 참고로 서울광장은 13,207㎡이며 창원광장의 규모는 국내 최대이다.

96.6 km

2008년 국내 최초의 공영자전거 '누비자'를 도입한 이후 꾸준히 전개해 온 자전거 전용도로의 길이가 현재 96.6km에 이른다. 이는 국내 최장 거리이며 노선은 15개이다.

4,120,000 people

1963년에 시작된 진해군항제는 전국 최대규모의 벚꽃축제이다. CNN이 선정한 한국에서 가봐야할 아름다운 곳 50곳에 진해 경화역이 선정되었다. 2019년 제57회 진해군항제에 방문한 관광객수는 412만명이다.

1,953 ha

창원특례시는 국내 최대 단감재배지역으로 그 면적은 1,953ha에 달하고 생산량은 39,250t에 이른다. 100년 이상된 고령의 시배목이 현존하고 있으며 '창원단감테마공원'에서 이를 확인할 수 있다.

7,300,000 flower

생산량, 재배면적 국내 1등 국화도시의 연간 국화생산량이다. 총생산액은 260억에 이른다. 2000년부터 마산국화축제가 열리고 있으며 코로나 시대에도 불구하고 취소없이 드라이브스루 관람, 자동차극장 등 새로운 관람 패러다임을 제시하고 있다.

28 bus

창원특례시는 2018년 국내 최초 수소버스 시범도시로 선정되었으며 국내 최초로 시내버스 정규노선에 수소 버스를 운행하고 있다. 현재 국내 최대 수소버스 대수인 20대를 운행하고 있다(2020년 기준).

3 station

국내에서 서울 다음으로 KTX 정차역이 많은 도시이다. 창원중앙역, 창원역, 마산역의 총 3개의 역에 KTX가 정차하는 교통의 요지이다.

PLAN YOUR TRIP : CHECK LIST

Check List

> 창원 여행을 떠나기 전 간단하게 확인하면 좋은 9가지 체크 리스트!

Local Money

창원특례시의 지역화폐(창원사랑상품권)의 명칭은 '누비전'이다. 종이화폐는 경남은행, 농협, 새마을금고, 신협에서, 모바일 화폐는 모바일 누비전 앱에서 구매가 가능하다. 상시 10% 할인 된다.

Day Off
창원과학체험관, 창원의 집을 비롯하여 시립 및 도립 미술관과 박물관은 월요일이 휴관인 경우가 많다. 카페나 레스토랑도 휴무일을 지정해 두는 곳이 많으니 방문 전 확인이 꼭 필요하다.

Navigation
진해드림파크의 경우, 내부가 워낙 광활하고 시설 간의 거리도 멀어서 내비게이션에 진해드림파크를 입력하면 차에서 내린 후 상당 시간 헤맬 수 있다. 가고자 하는 시설에서 가장 가까운 주차장을 목적지로 설정하면 편하게 둘러볼 수 있다.

Cherry Blossoms

벚꽃 절정은 해마다 다르겠지만 대략 3월 말에서 4월 초에 절정을 이룬다. 단, 그 사이 내리는 비가 어마어마한 영향을 미친다. 일기예보에 주의해서 절정의 타이밍을 노려보자.

Be Careful!

해안절경 저도 비치로드의 일부 데크는 진입금지이므로 시설의 주의판을 잘 확인하고 둘러보기를 바란다. 절경인 만큼 주의를 요하는 경우가 많다.

Specialty

창원은 마산의 아구찜, 복어, 장어구이가 유명하다. 아구찜은 마산에서 시작된 요리이다. 마산에서만 맛볼 수 있는 말린 아구찜이 있으니 한번 도전해볼 만 하다. 꼬들꼬들한 식감이 평소와는 다른 맛을 느끼게 한다.

Etiquette

가고파 꼬부랑길 벽화마을, 장옥거리 벽화마을을 둘러볼 때는 주민들의 생활 공간이라는 점을 잊지말고 좁은 골목길을 걸을 때 에티켓을 지키며 여행을 즐기자. 맞이하는 사람이 반기지 않는 방문은 즐거운 여행이 될 수 없다.

Sunset

광암해수욕장, 진동항, 행암마을 등 곳곳에서 아름다운 일몰을 감상할 수 있다. 하루 중 일몰을 즐길 수 있는 시간은 단 몇 십분. 시간과 날씨를 체크하자. 의외로 뚜렷한 바다 일몰을 볼 수 있는 순간이 인생에 그리 많지 않다.

Coastal Road

창원은 귀산카페거리, 속리단길, 진동항 등 해안도로로 바다절경을 따라 카페와 레스토랑, 맛집이 가득하다. 남쪽 바다 특유의 잔잔함과 고요함을 느껴보길 바란다.

PLAN YOUR TRIP : SEASON CALENDAR

Season Calendar

> 창원은 사계절 다양한 꽃이 피어나고 초록이 풍성한 싱그러운 도시이다.
> 나에게 가장 잘 맞는 여행시기는 언제일까? 시즌 캘린더를 통해 알아보자.

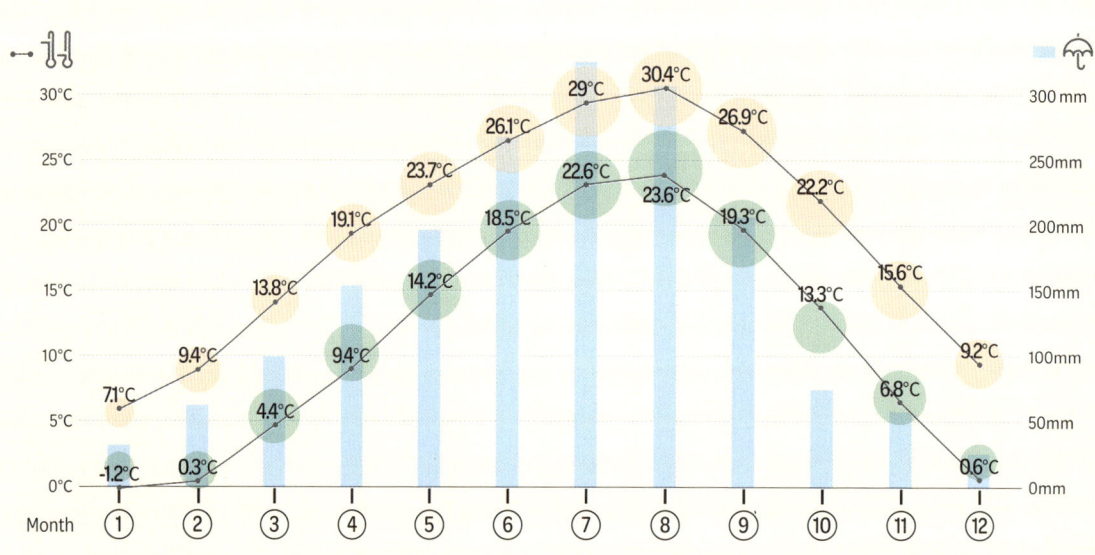

12~2

12~2월 겨울

창원은 북으로는 지리산이 위치하고 있으며 남으로는 남해와 접해 있다. 연평균기온은 14.8°C로 온화한 편이다. 가장 추운 1월의 평균 최저기온은 -1.2도, 최고기온은 7.1도이다. 겨울은 맑고 건조한 날씨가 이어지고 눈이 내리는 경우는 많지 않다. 다른 도시에 비해 온화한 겨울이지만 북서계절풍의 영향으로 바람이 거세질 수 있으니 두꺼운 외투를 챙기도록 하자.

3~5

3~5월 봄

3월 중순이면 전국에서 가장 빠르게 벚꽃 소식이 들려오기 시작한다. 3월 말에서 4월 초에 절정을 이루며 한국 최고의 벚꽃 명소답게 전국에서 많은 인파가 몰려든다. 벚꽃시즌에 진해를 찾는다면 호텔이나 렌터카를 미리 예약해 두는 것이 좋다. 이때는 벚꽃뿐만 아니라 유채꽃, 장미꽃 등 1년 중 꽃이 가장 많은 시즌이다.

6~8

6~8월 여름

6월에는 장마가 시작되고 장마가 끝나고 나면 무더위가 시작된다. 가장 더운 8월의 평균 최고기온은 30.4°C, 최저기온은 23.6°C이다. 연간 강수량이 7월과 8월에 집중되어 있어 습하다. 이 시기에 여행을 계획한다면 자외선 대책을 세워야 한다. 모자와 선글라스, 선크림은 필수이고 갑자기 비가 오거나 태풍이 발생할 수도 있으니 외출하기 전 날씨 체크도 필수.

9~11

9~11월 가을

창원의 가로수길이 노랗게 물드는 계절이다. 나무와 자연이 가득한 창원은 가을이면 형형색색으로 물든다. 50여억 송이의 국화꽃이 전시되는 세계 최대 규모의 꽃 축제인 국화축제가 10월 말~11월 중순에 성대하게 열린다. 9월과 10월에는 최고기온이 20°C를 넘지만 11월에는 15.6°C로 선선해져 맑은 날이 많아 꽃과 단풍 구경하기 좋다.

PLAN YOUR TRIP : FESTIVAL

Festival

> 꽃과 나무, 길과 사람이 아름다운 여유와 낭만이 가득한 도시 창원
> 이 도시의 매력을 만끽할 수 있는 축제를 소개한다.

April

진해군항제

해군의 요람인 군항도시 신해에서 벚꽃과 해군 측공연을 함께 볼 수 있는 축제이다. 1952년 4월 13일, 북원로터리에 충무공 이순신 장군 동상을 올린 추모제가 진해군항제의 시초이다. 축제기간에 세계 최대 규모인 36만 그루의 왕벚나무가 만개하고 해군헌병대퍼레이드 등 다양한 볼거리를 제공한다.

진동미더덕 & 불꽃낙화축제

마산포구에 위치한 진동은 전국 미더덕의 70%가 출하되는 곳이다. 1999년, 미더덕이 양식 품종으로 지정되면서 특산물인 미더덕과 오만둥이(주름미더덕)의 판매를 촉진하고 홍보하기 위해 미더덕축제를 개최하게 되었다. 같은 시기에 진동의 전통 민속놀이인 불꽃 낙화가 바다에서 화려하게 펼쳐진다.

천주산 진달래축제

의창구 북면에 위치한 천주산에서 진달래의 개화 시기인 매년 4월에 개최되는 축제이다. 천주산은 주봉우리인 용지봉 일대가 진달래 군락지이다. 축제에는 시민의 안녕을 기원하는 산신제, 백일장, 사생대회가 열리고 초청가수 공연, 천주산 진달래 가요제가 인기다. 이외에도 특산물 시식회, 버스킹 공연 등 다양한 행사가 열린다.

October

마산국화축제

우리나라 국화재배의 역사가 담긴 마산에서 펼쳐지는 대규모 국화축제이다. 마산은 전국에서 최초로 국화 상업재배에 성공한 지역이며 1976년 국내에서는 처음으로 일본에 수출하였다. 총 60여만 그루, 50여억 송이가 전시되는 단일 품종 세계 최대 규모의 꽃 축제이며, 2009년에는 국화 1줄기에 1,315송이의 꽃이 핀 다륜대작(천향여심)으로 세계 기네스북에 등재되었다.

창원단감축제

창원은 한국에서 최초로 단감을 재배한 지역이며 그 역사가 무려 100년에 이른다. 현재 3천170여 농가에서 재배하고 있고 전국 생산량의 약 16%를 차지하고 있다. 동읍에 위치한 창원단감테마공원은 이러한 단감 재배의 역사를 기록하고 있으며 이곳에서 매년 10월, 다양한 놀이와 체험 행사를 곁들인 창원단감축제가 개최된다.

창원 K-POP 월드페스티벌

전 세계 90여 개 국가에서 글로벌 예선을 거친 참가자들이 전문가들의 심사를 거쳐 창원에서 개최되는 본선 무대에 오르게 된다. 인기 아이돌 그룹의 축하공연이 펼쳐지고 다양한 볼거리를 제공한다. 한국문화뿐만 아니라 창원의 지역문화를 세계에 알리고 지구촌 팬들이 함께 즐기는 세계적인 K-POP 축제이다.

PLAN YOUR TRIP : TRANSPORTATION

Transportation

> 볼거리와 즐길거리로 가득한 창원.
> 편리한 여행을 위해 꼭 필요한 교통정보.

KTX 타고 창원 가기

수도권에서 출발할 경우 KTX가 가장 편리하다. 서울역에서 창원중앙역을 기준으로 약 3시간 소요된다. 마산역, 창원역, 창원중앙역 총 3개의 KTX가 정차역이 있으며, 3개의 정차역 중에서 목적지에 가장 가까운 역을 선택하면 편리하다.

창원중앙역
창원시 의창구 상남로 381
https://www.letskorail.com/

고속·시외버스 타고 창원 가기

서울 출발 고속버스 기준, 소요시간은 약 4시간으로 KTX 보다는 많이 걸리지만, 창원시내 여러 곳에 고속·시외버스터미널이 위치하고 있어 목적지의 위치에 따라 접근성이 더 좋을 수 있다. 창원권(의창·성산)의 경우 창원종합버스터미널의 고속·시외버스를 이용할 수 있고, 마산권(합포·회원)에는 마산고속버스터미널과 마산시외버스터미널, 그리고 마산남부시외버스터미널과 내서고속버스터미널이 보조 역할을 한다. 진해권에는 진해시외버스터미널을 이용할 수 있다.

창원종합버스터미널
창원시 의창구 창원대로 371
고속 1688-0882, 시외 055-711-5000

비행기 타고 창원 가기

비행기를 이용한다면 김해공항을 이용해서 창원으로 이동할 수 있다. 김포공항에서 김해공항까지 운행시간은 약 1시간. 김해공항에 도착해서 렌터카를 이용할 경우 창원까지는 약 35km, 40분 정도 소요된다. 공항리무진 버스를 이용할 경우 소요시간은 약 1시간, 공항 바로 앞에 있는 시외버스정류장에서 창원, 마산, 장유행 노선을 선택하면 된다.

김해공항 Gimhae International Airport
부산광역시 강서구 공항진입로 108 (051-974-3114)
세인공항주식회사 055-299-9900

창원에서 이동하기

버스나 택시 등 대중교통을 이용해 충분히 여행이 가능하다. 위치를 잘 파악하고 도보, 혹은 버스, 택시를 적절히 이용하면 지치지 않고 편하게 여행할 수 있다. 해안선의 아름다운 경치를 보거나 꽤나 거리가 먼 핫플레이스까지 갈 것을 생각한다면 렌터카를 추천한다. 해안선 드라이브 코스와 숲길도 많아 렌터카를 이용한다면 창원의 진면목을 발견할 수 있다.

1. 렌터카
다양한 천혜의 자연 경관을 두루 만끽하고자 한다면 렌터카가 편리하다. KTX와 연계하면 저렴하게 이용할 수 있으며 카셰어링 서비스를 이용하는 것도 방법이다. 계절이나 차종, 시간에 따라 비용은 차이가 있으며 특히 벚꽃시즌에는 반드시 미리 예약해 두어야 하고 요금도 비싸다.

2. 시내버스
1978년부터 창원, 마산, 진해의 각 지자체와 운수업체들이 시내버스를 공동으로 운행해 왔으며, 창원특례시 일대를 1시간 이내 통근권으로 이어주고 읍면 지역과 도심, 철도역이나 버스터미널 등의 주요 거점을 서로 연결해 주고 있다. 하지만 창원-마산-진해 간을 이동하는 버스의 경우, 편수가 많지 않고 상당한 시간이 걸린다는 점은 유의해야 한다.

3. 택시
택시를 이용할 경우 평소에 사용하는 카카오T 앱을 충분히 이용할 수 있다. 배차도 빠르고 전기차로 전환해 가는 추세이므로 소음이 적은 쾌적한 택시를 이용할 수 있다.

알아두면 좋을 콜택시 번호
가고파콜(마산) : 055-290-0000 창원콜 : 055-210-0000

4. 창원 시티투어 2층버스
창원의 아름다운 자연과 역사·문화·예술 관광지를 효율적으로 관광할 수 있도록 창원시티투어를 운영하고 있다. 붉은색으로 마감된 매력적인 2층 버스는 상부층이 오픈되어 있어 풍경을 온몸으로 만끽할 수 있으며 전문해설사가 동승한다. 승차권을 구매하면 무제한으로 승차할 수 있으므로 원하는 장소에 내려 자유롭게 구경한 뒤 다음 버스에 탑승할 수 있다. 최근 마산역과 속천항이 추가되었다.

창원시티투어버스 노선 안내
1.창원의 집 → 2.마산역 →
3.마산상상길&창동예술촌 → 4.마산어시장 →
5.경남대학교 → 6.제황산공원 → 7.속천항 →
8.진해루 → 9.진해석동 승강장

창원시티투어버스 요금(1일 자유이용권)
어른 3,000원 청소년 2,000원 영유아 무료
코로나 종식 시, 어른 5,000원 청소년 등 3,000원
※월요일, 설, 추석은 휴무
Ⓤ www.changwoncitytour.com

★ Main Spot
S Shop
R Restaurant
C Cafe
A Activity
D Dessert
H Hotel
B Bar

Tripful

PLAN YOUR TRIP

MAP
—
Changwon

1. CHANGWON : 창원 개괄

2. Uichang-gu : 의창구

3. seongsan-gu : 성산구

4. Jinhae-gu : 진해구

5. Masanhoewon-gu : 마산회원구

6. Masanhappo-gu : 마산 합포구

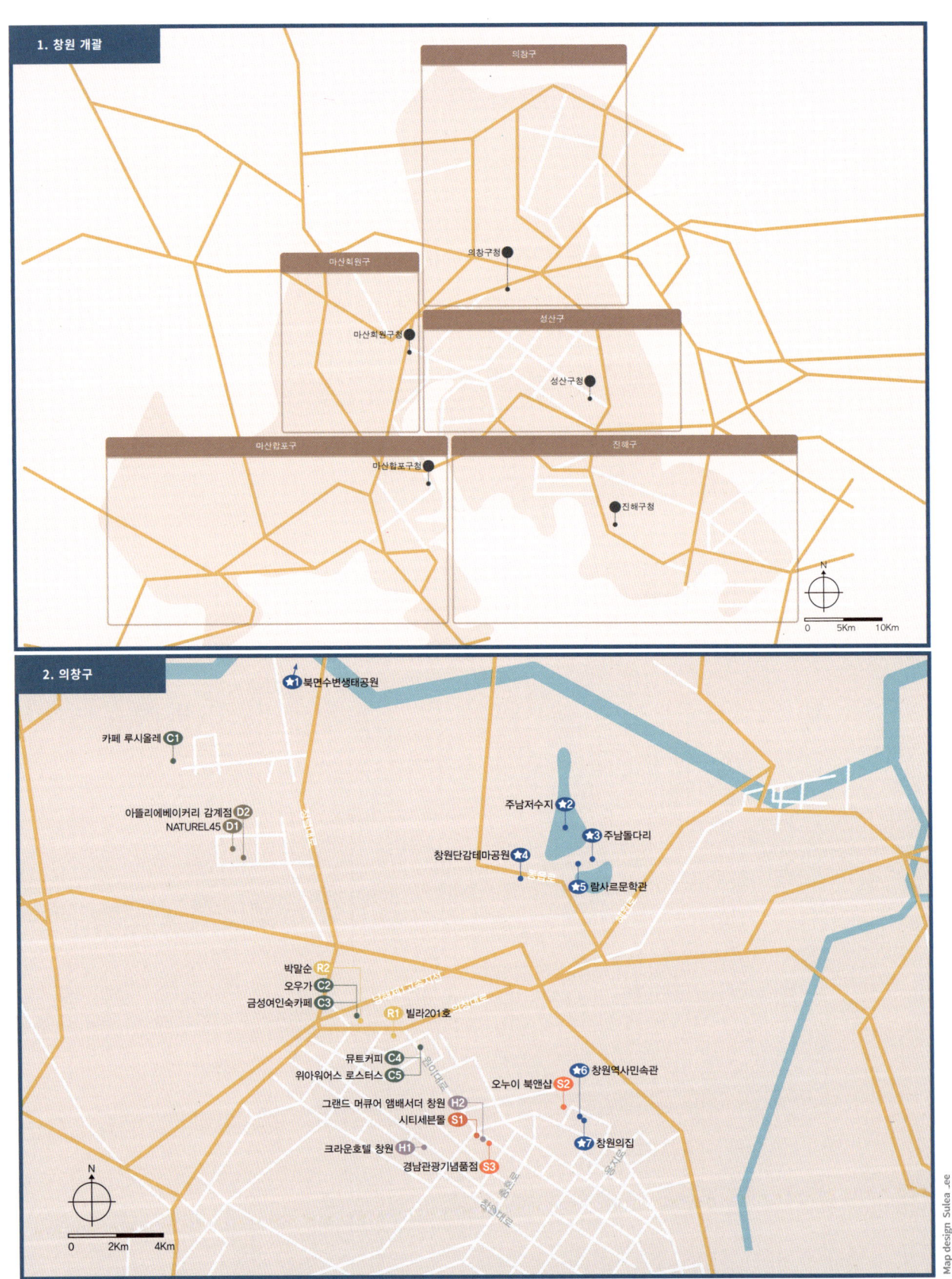

Writer
이지앤북스 편집팀

Publisher
송민지 Minji Song

Managing Director
한창수 Changsoo Han

Editor
김진희 Jinhee Kim
황정윤 Jeongyun Hwang

Designers
김영광 Youngkwang Kim
김혜진 Hyejin Kim

Illustrator
이설이 Sulea Lee

Marketing & PR
이은지 Eunji Lee

Publishing
도서출판 피그마리온

Brand
easy&books
easy&books는 도서출판 피그마리온의 여행 출판 브랜드입니다.

EASY & BOOKS

트래블 콘텐츠 크리에이티브 그룹 이지앤북스는 2001년 창간한 <이지 유럽>을 비롯해, <트립풀> 시리즈 등 북 콘텐츠를 메인으로 다양한 여행 콘텐츠를 선보입니다. 또한, 작가, 일러스트레이터 등과의 협업을 통해 여행 콘텐츠 시장의 선순환 구조를 만드는 데 이바지하고 있습니다.

EASY & LOUNGE

NEUL

이지앤북스에서 운영하는 여행콘텐츠 라운지 '늘NEUL'은 책과 커피, 여행이 함께하는 공간입니다. 큐레이션 도서와 소품, 다양한 이벤트를 통해 일상을 여행의 설렘으로 가득 채워 보세요.

서울 영등포구 선유로55길 11 1층
www.instagram.com/neul_lounge

Tripful

Issue No.25

979-11-91657-08-1 (14980)
ISBN 979-11-85831-30-5(세트)
ISSN 2636-1469
등록번호 제313-2011-71호 등록일자 2009년 1월 9일
초판 1쇄 발행일 2022년 8월 3일

서울시 영등포구 선유로 55길 11, 6층 TEL 02-516-3923
www.easyand.co.kr

Copyright © EASY&BOOKS
EASY&BOOKS와 저자가 이 책에 관한 모든 권리를 소유합니다.
본사의 동의 없이 이 책에 실린 글과 사진, 그림 등을 사용할 수 없습니다.

* 본 도서는 창원시의 협조 및 지원으로 제작되었으나,
  콘텐츠의 기획 및 제작은 출판사의 편집 방침을 따랐음을 밝힙니다.

www.easyand.co.kr
www.instagram.com/tripfulofficial
blog.naver.com/pygmalionpub

Tripful
Local Travel Guide Books

1. FUKUOKA
2. CHIANGMAI
3. VLADIVOSTOK — Out of print book
4. OKINAWA
5. KYOTO
6. PRAHA

7. LONDON
8. BERLIN
9. AMSTERDAM
10. ITOSHIMA
11. HAWAII
12. PARIS

13. VENEZIA
14. HONGKONG
15. VLADIVOSTOK
16. HANOI
17. BANGKOK
18. JEJU

19. HONGDAE, YEONNAM, MANGWON
20. WANJU
21. NAMHAE
22. GEOJE
23. HADONG
24. JEONJU

25. CHANGWON

EASY SERIES
Since 2001 Travel Guide Book Series

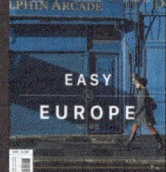 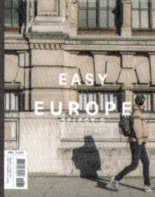  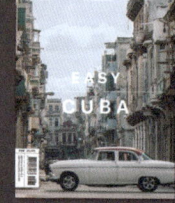 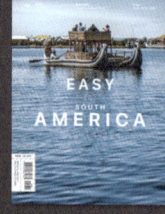

EASY EUROPE
이지유럽

EASY EUROPE SELECT5
이지동유럽5개국

EASY SPAIN
이지스페인

EASY CUBA
이지쿠바

EASY SOUTH AMERICA
이지남미

EASY SIBERIA
이지시베리아

EASY EASTERN EUROPE
이지동유럽

EASY CITY DUBAI
이지시티두바이

EASY CITY TOKYO
이지시티도쿄

EASY CITY DANANG
이지시티다낭

EASY CITY GUAM
이지시티괌

EASY CITY TAIPEI
이지시티타이페이